声なき声をつむぐ

――震災を語り継ぐ――

齋藤幸男 著

学事出版

はじめに——思いをカタチにする

２０１５年3月で学校現場を去ることになったが、長い教員生活のなかで最も悲しくつらかった出来事が、２０１１年3月11日に発生した東日本大震災である。そして、「あの日」からずっと日本の防災教育のあり方を問い直す日々が続いている。

退職後は震災の教訓を語り継ぐために全国各地をまわり、体験型防災学習の普及と人材育成の重要性を伝え続けてきたが、その歩みのなかで思いを同じくするかけがえのない仲間たちと出会い、その熱い思いが今の私を突き動かしている。

『声なき声をつむぐ』は、その仲間たちの思いをカタチにしたものであり、災害時におけるタテ割意識の見直しと若手人材の育成について、ひとりでも多くの読者に防災のあり方を問い直してもらいたい、との思いで書いたものである。

まず、災害発生時のタテ割意識の見直しであるが、今なお多くの学校では従来通りの防災訓練を実施するケースが多く、防災教育を命の教育の切り口として位置づけている学校は決して多くはない。

日本の学校現場における防災教育の実態を調べてみると、ほとんどが前例踏襲型と変化対応型のせめぎ合いのなかで暗中模索しているのが実情である。

東日本大震災以降、私は現地に足を運ぶことの重要性を感じたこともあり、全国各地をまわりながら、災害初動期の対応と若手人材の育成を図るための具体的方策について研究を重ねてきた。

さらに、講演会などで訪れた地域の人たちの声なき声に耳を傾けているうちに、従来のような自助・共助・公助の考え方だけでは、感染症の問題や激甚化する複合災害に対応できなくなっている実態も見えてきた。

老老介護を余儀なくされる高齢化社会において、自助の力がどれだけ期待できるのだろうか。限界集落など過疎化が進む地域において、共助の力がどれだけ期待できるのだろうか。東日本大震災のときに、公助がスピード感を失い、その力が充分に機能しなくなった実態を思い出すたびに、これまでの経験則に頼るだけでなく新しい防災対策のあり方を検討しなければならない現実から目を背けてはならない。

たとえば、感染症の流行と避難所の運営を考えてみれば、従来のようなタテ割意識が対応の足かせになっていることは容易に想像できるだろう。

地球温暖化の影響が世界中で深刻化するなかで、現代社会にまん延している先の見えない不安と閉塞感を打破するためにも、全国各地の名もなき人たちの声なき声が少しでも多くの人たちに届き、その思いをつなげるためにこの書が役に立つことを願ってやまない。

２０２１年３月11日

齋藤　幸男

目次

第1章　声なき声をつむぐ

災害が多発した平成から令和の時代を迎えたことで、これまで被災地だけでなく全国各地で防災活動に取り組んでいる人たちの「声なき声」をつむぐことにした。

災害大国と言われる日本には固有の風土があり、令和の時代に過去の災害の教訓や知見を見直すことで、ひとりでも多くの人たちの防災意識の向上に役立ててほしいと願っている。

1 「教訓になるために生まれてきたんじゃない」
——佐藤美香さん

東日本大震災では、石巻市にある日和幼稚園の送迎バスが津波に呑み込まれ、5名の幼い命が奪われた。犠牲になった園児たちは、ふだんは津波が直撃したルートを通らずに送迎された。大切なわが子を失った遺族は、幼稚園側が安全配慮義務を怠ったとして2011年8月に損害賠償を求めた訴訟を起こしたが、結果的には園側が賠償金を支払うことなどで2014年12月に仙台高裁で和解が成立した。

私が注目したいのは、仙台高裁が和解の条項のなかに「この重大な結果を風化させてはならない」や「教訓として長く記憶にとどめられ、後世の防災対策に生かされるべきだ」とする「前文」をつけたことである。ここには震災に関わるひとつの判例として受けとめるだけでは済まされない大きな課題が、社会全体に投げかけられたと考えている。震災当時から新聞やテレビなどで何度か報道されていたが、機会があれば語り部の活動をしている遺族の佐藤美香さんにお会いしたいと思っていたところ、震災当時に石巻日日新聞に勤めていた武内宏之さんからの紹介で縁をつないでもらった。

２０２０年10月、石巻市内で佐藤美香さんと会うことができた。美香さんは震災当時６歳だった長女の愛梨さんを失ってから語り部の活動を続けている。

（齋藤）はじめまして、今日は貴重な時間をいただき感謝いたします。早速ですが、美香さんが語り部の活動を始めたきっかけについてお話しください。

（美香）私が語り部をするきっかけになったのは、やはり娘の愛梨が亡くなったことです。幼稚園の管理下で娘を亡くしているのですが、こういう悲劇が二度と起きてはならないという思いで語り部を続けています。

（齋藤）つらいことを思い出させてしまいますが、差しつかえなければ震災当日のことから話していただけますか。

（美香）３月11日の朝に娘の愛梨を送り出したのですが、幼稚園の送迎バスを待っている間に娘といつもやっていたことがあります。この時期は道路にただ突っ立って待っているのは寒いので、娘と手と手をつなぎながら、足踏みごっこをしていたんです。あの日もそれをやりながら２人でバスを待っていました。それから、バスが到着して娘を渡すときには、添乗員さんに「よろしくお願いします」と、いつも言ってました。あの日も愛梨はバスに乗りましたが、私が娘の生きている姿を見たのはそれが最後でした。この日の午後に大きな地震が起きたのですが、揺れが収まってからすぐにバスの時刻表を見ました。娘が乗るバスの予定時刻は幼稚園発３時７分となっていたので、こういうときだからバスは出ないだろうと思って、すぐに幼稚園に電話をしたのですが、つながりませんでした。それでもあれだけの地震だったので、娘は幼稚園にいるものだと勝手に思い込みました。そのとき、まだ3歳の娘が家にいたので、愛梨に関しては幼稚園の先生に託す思いで、気持ちを切り替えて下の娘を守ろうと行動しました。

3月12日、下の娘と一緒に避難所のある方向をめざして歩き出したのですが、途中のお宅で南浜地区や日本製紙石巻工場あたりの様子をちょっと聞きました。すると、あの辺りはもう駄目だと言われたのですが、それでも娘が通っている幼稚園は高台にあるので大丈夫だろうと思っていました。そして、いろいろと親切にしてくださった方のお宅に下の娘と一緒に泊まらせていただきました。

3月13日、私は何が何でも娘の愛梨を迎えに行かなきゃいけないと思って、泊めていただいた方のご主人と奥様に下の娘を預かってもらえないかとお願いしたところ、そこのご主人が自分のトラックに乗せて連れていってあげると言ってくださったんです。そして、何度も道なき道を走りながら、石巻大橋の近くにあるプレナミヤギというボウリング場の辺りまでたどり着きました。そこで車から降りて、どうやったら娘の幼稚園までたどり着けるのだろうかと思いながら、ひとりで歩いて行きましたが、がれきに阻まれてなかなか前に進むことができず、それでもどうにか石巻大橋のところまでたどり着いたときに、もう一台の幼稚園バスの運転手さんと出会いました。バスの運転手さんに向かって「佐藤愛梨の母ですけれども愛梨は今どこにいますか」と尋ねました。そうしたらバスの運転手さんから「小さい方のバスですか」と聞かれました。日和幼稚園は大きいバスと小さいバスを2台所有していて、娘の愛梨はいつも小さい方のバスに乗車するので、「そうです」と、何の疑いもなく答えました。そうしたらバスの運転手さんから「小さいバスは津波に巻き込まれたかもしれません」と言われました。そのときに、もしかしたら娘は駄目なのかなという思いが脳裏をよぎりましたが、それでも希望は失いたくなかったので、どうしてなんだろうと思いつつもその場で泣き崩れてしまいました。

その後、どうにかして自宅に戻りましたが、どうやって帰ったのかは覚えていません。それから、ようやく主人と会うことができたので、私が運転手さんから聞いた内容を話したところ、自分も幼稚園に行ったらそういうことを言われたと教えられました。そのとき主人が、ひょっとしたらバスがそこら辺りまで来ているかもしれないし、子どもたちもどこかに避難しているかもしれないし、大丈夫だからもう一度探しに行くと言って出ていったんです。しばらくして、私は同じバスに乗車しているはずの子どものお母さんの所にも伝えに行かなければと思って出かけたところ、道の途中でその子のお母さんとお父さんと出会いました。そこで初めて、「子どもたちは焼死らしいです」と聞かされました。私は気が遠くなって倒れそうになりましたが、何とか気を取り直して、翌日に主人と一緒に探しに行こうと決めました。

3月14日、子どもたちのもとに向かいました。そして、バスがあると思われる辺りを探していたら、愛梨を見つけることができました。私たち遺族がそれぞれの子どもを広場に連れていき、そのまま幼稚園に入れさせてほしいと頼んだところ、最初は断られたのですが、しばらく押し問答をしてどうにか受け入れてもらいました。そうこうしているうちに警察の方が来まして、子どもたちを遺体安置所に連れていかなければいけないので、このまま引き渡すことはできませんと言われ、子どもたちはワンボックスカーに乗せられて遺体安置所に連れていかれました。私はそのまま娘を連れて帰れると思っていたのですが、それもかないませんでした。

3月15日、遺族で時間を決めて遺体安置所になっていた石巻市総合体育館に集まりました。私たちの子どもは火災が起きた場所の近くだったので、全身が見つかったわけではなく真っ黒焦げで表情すらもわからない状況でした。他の子どもたちは家族が見たら誰なのかすぐわかるような状態でしたが、私たちの子どもは毛布で包まれた状態で安置されていました。とても他の人には見せられないような状態だったので、ひとり一人の身元確認をしてから幼稚園で話し合いをしてこの日は終わりました。

(齋藤) つらいことを思い出させてしまって申し訳ありません。その後、二度とこういう悲しい出来事が起きないように語り部になる決心をしたと思いますが、いつ頃から語り部を始めたのですか。

(美香) 詳しい時期までは覚えてはいませんが、私たちは訴訟を起こしましたので、その裁判が終わった後でした。私たちは幼稚園の対応に納得がいかなかったし、同時にこういう悲劇が二度と起きてほしくないという一心で語り部をするようになりました。

(齋藤) ふだん語り部をしている場所とか、これまで宮城県以外のどこで語られたか教えてください。

（美香）語り部をする主な場所としては、やはり娘が最後に見つかった場所だったり、石巻市立門脇小学校だったり、門脇小学校から日和幼稚園の方に向かったりとか、そういうコースが大体は決まっています。また、２０１９年の３月に慰霊碑を建立しましたので、そこが語り部をしながら回る最後の場所になることが多いですね。

石巻市には「みらいサポート石巻」（現「3.11みらいサポート」）という団体があるのですが、その「南浜つなぐ館」という場所に私の娘の遺品が展示されています。私がいなくても娘の遺品が何かを語りかけてくれると思っているので、展示スペースのなかに置かせてもらっています。

それから、県外での語り部活動としては、たまに講演会に呼ばれることがあるんですけれど、実際に行った場所としては、群馬県や静岡県、鹿児島県や香川県などです。東北では、秋田県や山形県に行きました。

（齋藤）美香さんの語りを通して、ひとりでも多くの人たちに愛梨ちゃんの命の意味について考えてもらえればいいですね。

ところで、実際に語り部をしているときの気持ちについてもう少し話してもらえますか。

（美香）やはり、娘の最後の姿を話すときがつらいです。話を聞くのが中学生や高校生ぐらいの場合は、愛梨の最後の姿のことを

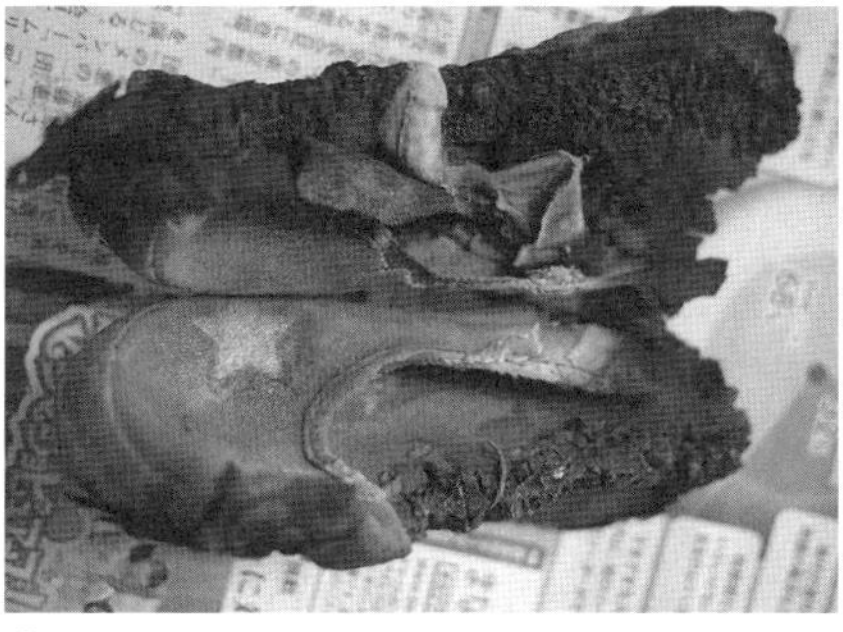

「あの日」にはいていたクツ

言わないんですけれど、大学生や大人の場合はありのままの様子を話すときもあります。そういうときは、その当時の愛梨の姿をすぐに思い出しますし、もちろん私は娘のことを思わない日はないのですが、たとえつらいと思っても自分がつらいとは言えないです。それ以上に、あの娘たちは最後の最後まで生きようとして頑張ったのですから。

あの日は、娘たちが亡くなった場所の近所に住んでいる人たちが、「助けて、助けて」と、子どもたちが必死に叫んでいる声を夜中の12時頃まで聞いたそうです。そのなかのひとりが、私の娘の愛梨だと思っています。ですから、生きたくても生きられなく、そして助けてと言っても助けてもらえず、あの日は雪が降っていて寒かったですから、幼い娘たちがどんなに怖い思いをしたのだろうかと考えたら、自分のつらい気持ちや苦しい気持ちは娘の足下にも及ばないと思っています。

（齋藤）私も全国を歩いて震災の語り継ぎ活動をしていますが、小学校の高学年くらいになると自分で自分の命を守ったり、自分の意見を言えますが、幼稚園児だとそうはいかないと思います。やはり、自助の力が足りない幼稚園児を守るには、先生たちの防災力や判断力に託すしかないです。そういうことに関して美香さんの考えを聞かせてください。

（美香）幼稚園の先生たちが娘を必ず守ってくれると信じていました。娘たちはまだ幼いですから、自分から避難したいとかバスに乗りたくないとか絶対に言えないし、どうしたらいいかなんてわからないですよ。今、地震が起きたことくらいはわかったかもしれませんが、その後どのように行動しなければいけないのかわからないので、子どもたちの命を守るのは大人だと思います。その大人というのが、その場にいる先生たちだと思っています。もっと子どもたちの命を守り抜く行動をとってほしかったというのが、私の率直な気持ちです。子どもたちは大人の言うことでしか行動できないし、大人が言う言葉を信じて行動します。だから、今から避難しましょうと言われたらその通りに行動します。今からこのバスに乗ってくださいと言われたらそのまま乗ってしまいます。だからこそ、先生たちにはかけがえのない命を預かっているという意識をもっと強く持っていただきたいと、私は思っています。

（齋藤）私は高校の教員生活が長かったのですが、震災を体験してから子どもたちの命を意識することが多くなりました。子どもたちを前にする度に、これは親から預かったかけがえのない命だと自分に言い聞かせながら仕事をしていました。おそらく、美香さんが語り部として伝えたいのは、二度とこのような悲しいことが起きないようにするために、多くの教育関係者が話し合いを深めて具体的なカタチにすることではないでしょうか。

話は変わりますが、防災研修などで被災地を訪れる中高生のなかには、将来は幼稚園や学校の先生を希望する生徒が意外と多いんです。そういう生徒たちにも美香さんの語りを聞いてほしいものです。

それと同時に、子どもたちから学ぶことが意外と多いんです。子どもたちはすごく柔軟な発想をしますし、大人が気づかないことを学ぶことがあります。

最後になりますが、これからの活動に向けて美香さんの思いを話してもらえませんか。

（美香）実は、3月11日に地震が起きたときに、下の娘と自宅にいたんですが、だんだん揺れが大きくなっていき、私は立っているのがやっとだったんです。下の娘はテレビを見ていたんですけど、「ダイニングテーブルの下に隠れなさい」と言ったんですよ。そうしたら、私の方がダイニングテーブルの方に近かったにもかかわらず、そして身動きができなくなっているのに、娘はスッと立って言われたとおりに行動できたんです。私はそれを見たときに、子どもに的確な指示さえ出してあげれば行動できるんだと気づいたんです。子どもには大人が気づかないような力があると思いましたし、それこそいろんな意味で悲しみを乗り越える力もたくさん持っていると教えられました。人間は大人になるにつれてだんだんと柔軟性がなくなってくるので、小さな子どもたちから学ぶことはたくさんあると考えています。ですから、中高生から学べる機会があったら是非とも参加させてもらいたいと思います。

（齋藤）私も子どもたちの発想の柔軟さと災害時の役割について、多くの人たちに伝えるために自分に残された時間を費やそうと思っています。お互いに小さな力ですけれども、中高生が防災研修などでこちらを訪れたときには協力をお願いします。今日は本当にどうもありがとうございました。

忙しい時間をやりくりして話す機会をつくってくれた佐藤美香さんは、何度も何度も言葉をかみ

しめ、そして愛梨ちゃんの姿を思い出しながら懸命に語ってくれた。

そして、帰り際に美香さんが訴えるようにもらした言葉が、私の頭から離れなかった。

「愛梨は教訓になるために生まれてきたんじゃない」

わが子を思う母の愛の深さにまさるものはない。命の意味について、あらためて考えさせられた一日になった。

この写真は、愛梨ちゃんが見つかった跡地に咲いたマーガレットの花である。震災当時、まだ3歳だった妹の珠莉さんが10歳のときに撮影したものである。

跡地に咲いたマーガレット

2 「私は生きなければならない」

――高橋さつきさん

高橋さつきさんが、かけがえのない家族との思い出を胸に菓子職人をめざして上京したのは、2019年3月だった。さつきさんが東日本大震災で両親を失ったのは、東松島市立大曲小学校の4年生のときで、想像を絶する苦難を乗り越えながら、東松島市学生震災ガイド「TTT」(TSUNAGU Teenager Tourguide of HigashiMatsushima の略)の仲間に支えられ懸命に生きてきた。

2019年3月、東日本大震災で保護者を亡くした子どもたちのために設立された「みちのく未来基金」第8期生の集いが仙台市で開催され、さつきさんと話をする機会をもつことができた。

(齋藤) さつきさんが「みちのく未来基金」の奨学金制度のことを知ったのはいつ頃でしたか。

(さつき) 高校生のときに奨学金担当の先生から紹介されて、みちのく未来基金のことを知りました。

(齋藤) 8年前にこの基金を立ち上げるときに、カルビー食品の担当者が石巻西高校に来ました。そのときに、高校生だけでなく小中学生にも早めに知らせないと、家庭の事情で進学を諦める生徒が出てくるだろうと伝えたんです。さつきさんは矢本第二中学校の卒業生ですが、中学生のときはみちのく未来基金の話はされなかったのですか。

（さつき）されなかったです。しかも高校3年生なってから初めて聞きましたが、そのときは自分の行きたいところに行けるかもしれないと思ってうれしかったです。

（齋藤）みちのく未来基金は大学から専門学校希望者までが対象になるので、学校としてもすごく感謝しました。震災で保護者を亡くした子どもたちを対象に始めた奨学金ですが、さつきさんは高校を卒業したら働こうと決めていたのですか。

（さつき）最初は就職した方がいいと思っていました。でも高校時代に調理師の免許を取って卒業できたので、正直なところ迷っていました。みちのく未来基金の支援がなかったらエコール辻東京に1年間も通うことはなかったですし、将来的にお菓子屋さんを開きたい夢を持つこともなかったと思います。菓子職人になって多くの人たちを笑顔にしたいのが、私の将来の夢なんです。震災後に多くの人たちから笑顔をもらい、自分も笑顔を取り戻すことができたので、私からの感謝の気持ちを返したいんです。

（齋藤）今、初めてさつきさんの気持ちを聞きました。東京に行ったら東松島市には帰ってこないのかなと思っていたけれど、東松島市がさつきさんの故郷なのだとあらためて思いました。語り部の活動をしてきた仲間としばらくは会えなくなるけれども、ひとまわり大きな人間になって帰ってきてください。

ところで、つらいことを思い出させてしまうけれども、さつきさんの原点でもある大曲浜のことと、震災当時のことをうかがいます。

（さつき）大曲浜は自分の故郷であり、忘れられない思い出がいっぱいある土地です。

（齋藤）震災では、お父さんとお母さん、そしてお祖父さんが津波の犠牲になったんですよね。

（さつき）実は、父方のおじいさんとおばあさん、そしてひいおばあさんとおじさんも犠牲になったんです。さすがにそこまで話すと語り部としても重苦しくなるので、少しだけ話すようにしています。

（齋藤）語り部だからと言ってすべてを話す必要はないと思います。自分の心のバランスを崩してしまったら、つらすぎて立ち直れなくなりますから。

（さつき）私が語り部を始めたのは高校生になってからでしたが、はじめは同情してほしくないという気持ちが強かったんです。亡くなった全員のことを話したら、同情してほしいと思われがちだと考えたからです。

（齋藤）それでも自分なりに気持ちの整理ができたのは、何かきっかけがあったんですか。

（さつき）最初は、親の話を出さずに被災した状況を話しただけでした。そのうちに、自分がなんで語り部をしているのか、みんなが不思議に思うだろうと考えた結果、親のことも話すべきだと決心しました。それで、自分が後悔している理由を分かってもらえると考えました。

（齋藤）自分のなかで納得して伝えないと迷いが出たりして、かえって苦しくなるんです。それでも、自分の語りが誰かのためになるのだったら、少しは話してもいいと考えたんですね。

（さつき）初めのうちは、私の言葉で人の命を救うための役に立つのかなと感じていました。でも、語り部を続けていくうちに、自分のなかで少しずつ実感できるようになっていったんです。今でも話す度に気持ちが変わるし、語りの内容も定まらないことが多いんですよ。

（齋藤）同じことを話しているつもりでも気持ちの入り方が違うし、伝わり方も毎回のように違うと感じるものです。相手の反応やそのときの状況で変わってくるのは自然のことです。それと同時に、忘れたいこともあるし、忘れてはいけないこともあると思います。家族のことを話すときには、つらい記憶をもう一度たどらなければならないのですが、精神的にきつくなかったですか。

（さつき）そういうときもありますね。実際に親にも話していなかった事実もあったりしますからね。語り部の仲間にも話していないこともあるし、かといって自分だけで抱え込んでいるのは何とも言いようがないですね。

（齋藤）さつきさんにアドバイスしますが、人生には時機（とき）があります。時機が来たら思わずポロッと出る言葉があります。話そうと思って話す言葉とは別に、知らず知らずのうちにあふれ出る言葉があるものです。それとは反対に、時間をかけて準備をしてから話しても、後で言わなければよかったなと思うときもあるものです。心のなかにしまっておけばいいと思いますよ。

（さつき）お母さんとお父さんが自宅に戻った理由を話すためには、お母さんのお腹の中にいる妹のことも話さざるを得なかったんです。出産予定日が1ヶ月後で性別もわかっていました。生まれてくる妹のために「ほのか」という名前をつける予定でした。私が決めたんですよ。

（齋藤）「ほのか」ちゃんですか。かわいい名前だね。どんな字を書くのですか。

（さつき）ひらがなです。私と一緒でひらがなの名前が良いかなと思ってつけたんです。

（齋藤）ひらがなの名前は柔らかい感じがします。ところで、自分がもっと強く引き留めていたならば、両親はきっと助かったはずだという気持ちが、さつきさんの心を動かしているのですね。

（さつき）この点に関しては、いまだに自分を憎んでいますね。語り部のときにあまりふれていない部分でもあるんですが、結局は両親を送り出してしまったわけですから、今でも自分を責め続けています。しかも「ゲーム機を持って来て」と、お母さんに頼んでしまったんです。今でもその言葉を言ってしまった自分が憎いんですよ。言わなければ良かったと後悔し続けていますね。

（齋藤）自分を許せない気持ちはずっと消えないかもしれないし、何かあるたびに思い出すこともあります。それでも、「ほのか」さんの命は、さつきさんが出会う誰かのために生かされると信じたいですね。さつきさんが自分の言葉で語らないと誰かの力にはならないので、語ることでさつきさんの生きる希望になるのを願っています。そんなに自分を責めなくてもいいです。

ところで、以前にお母さんが石巻西高校の体育館に安置されていたと聞きましたが、どういう経緯で知ったのですか。

（さつき）石巻西高校の体育館が遺体安置所だったのは前から知っていましたが、身内の人が2回目に西高から帰ってきたときに、あまりいい顔をしていなかったんですよ。私は4年生だったんですが、大曲小学校の担任の先生がお祖母さんとだけ何かを話をしていて、私には何も知らされなかったんです。後から担任の先生のところに行ったら、「大変だったね」とだけ言われました。

（齋藤）さつきさんは、石巻西高校に直接来たわけではなかったんですか。

（さつき）行ってないです。身内の人が、私が知らないうちに石巻西高校に行って安否確認していたようです。当時は道路も危険だったし、避難所の外に出ないように言われていたので、私は大曲小学校の教室や校舎で遊んでいることしかできなかったんです。

（齋藤）お母さんは、その後どうなったんですか。

（さつき）数日後、おじさんの運転でどこかに出かけることになったので、私としては結構ウキウキした気分で外に出たんですよ。でも、「どこに行くの」って聞いても全然答えてくれなくて、確か隣に座っていたひいおばあさんだったと思うんですが、「さつきのお母さんが死んだんだよ」と言ってくれたんです。言われた瞬間は何をどう答えればいいのかわからずに黙ってしまいました。車が向かった先は、仮埋葬する場所でした。しばらくは仮埋葬の期間が続いたんですが、東松島市の火葬場が再開してから火葬してもらいました。火葬場の人が「小さな骨があるんですけれど」と言ったので、お腹のなかにいた赤ちゃんのだとわかりました。私が「待って」と言って一目散に駆け寄っていき、「ねえ見て、ほのかの骨だよ。ちゃんといるんだよ」と声をあげました。

（齋藤）「ほのか」さんは、さつきさんの心のなかに生き続けるようになっていたんですね。「ほのか」さんの存在が、語り部を続ける心の支えになっていけばいいですね。つらいことをたくさん聞きましたが、その後は3月11日が来るたびに家族のことを思い出したり、月命日でいろいろな行事があるといろいろな記憶が蘇ってきて精神的につらくはなかったですか。

（さつき）月命日までは気をつけていなかったのですが、1年間くらいはテレビやラジオとかで震災のことがいろいろ報道されたので、聞くたびに嫌な気分になりましたね。

（齋藤）そういうなかで家族の分までしっかりと生きなければならないと思ったわけですね。何かきっかけがあって前向きに生きていこうと思い始めたのですか。

（さつき）小学生のときは、両親がいないことで蔭でいろいろと言われたみたいです。あまりにもいろいろなことがあり過ぎて、5年生になってからは友だち関係もだんだん悪くなっていきました。

（齋藤）家族とのつらい別れがあったり、友だち関係が悪くなったりで、さつきさんの小学校時代は毎日通学するのが苦痛ではなかったですか。

（さつき）学校を休むことが多かったし、登校しても保健室にいることが多かったですね。

（齋藤）矢本第二中学校に通うようになってからの生活はどうでしたか。

（さつき）そこそこ休んだりしていたので問題児のように思われていました。おそらく、いろんな噂が流れていたと思います。

（齋藤）さつきさん自身も気づかないうちに心が荒(すさ)んで、人を信じられなくなっていたのですね。

（さつき）はい、人間不信になっていました。それでも中学校のスタートはまあまあ良かったんです。そのうちにいろいろなトラブルが起きて生徒指導を受けたりしたことで、また人間不信になっていきました。

(齋藤) 今、こうして話を聞いていると、よく本音を話してくれるようになりましたね。

(さつき) たぶん、私の根っこがかなり強いんだと思います。私の家系は負けず嫌いが多いんです。おそらく、両親よりもお祖母さんやひいおばあさんの性格を受け継いだのだと思います。

(齋藤) 芯がしっかりしていないと心が折れていたかもしれないですね。それで、矢本第二中学校を卒業する頃には、さつきさんの生活は落ち着いたんですか。

(さつき) 中学2年生のときが最もひどかったですね。学校の許可をもらわないで携帯電話を持っていっては注意され、それがきっかけで不登校になったこともありました。当時は、学校なんか行かなくても別にかまわないと思っていたんですが、生徒指導の先生が見捨てずに対応してくれたのと、その先生が3年生のクラス担任になったことで、少しずつ学校生活も楽しくなっていきました。

(齋藤) 高校を選ぶときに渡波地区にある水産高校に決めたのは理由があるんですか。

(さつき) 塾に行くようになってから水産高校に調理科ができることを知ったんです。その前は仙台にある明成高校の調理科に入学しようと考えていました。そこで明成高校のオープンキャンパスに行ってみたんですが、通学費などのお金の問題を考えて地元の水産高校を受験することにしました。

(齋藤) 以前に吹奏楽部に所属していたと聞きましたが、どのパートでしたか。

(さつき) 私のパートはトランペットでした。

（齋藤）トランペットを上手く吹ければ、すごく気持ちいいですよね。自分の感情をストレートにぶつけることができるし、今でも少しは吹いたりするんですか。

（さつき）かなりのブランクはありますけど、吹くことくらいはできますね。もともとはお祖父さんがトランペットを持っていたんです。小学校の鼓笛隊でトランペットを吹いてみたいと思って、そのことを口に出したら祖父さんが物置をあさってトランペットを持ってきてくれたんですよ。

（齋藤）お祖父さんとはトランペットでつながっているし、さつきさんの手に届くようになっていたのですね。いろいろな話を聞いてみて、さつきさんの心にある思いと語り部の活動がつながってきました。そして、調理師の道をめざして前向きに生きていた高校時代の姿が浮かんできました。

ところで、語り部になろうとしたのはいつ頃からですか。

（さつき）仮設住宅にボランティアに来ていた人たちに対して、友だちの武山ひかるさんと一緒に「何かお手伝いすることがありますか」と申し出たりしていたんです。そのうちに、愛知県からのボランティアの人たちに語ったのが初めてでした。矢本運動公園にある仮設住宅のなかでは、

「語り部」から「語り手」を育てる

「さつきとひかる」のペアがみんなから可愛がられる存在でした。それでも、私に一番の元気をくれたのは大曲浜獅子舞保存会でした。私が住んでいた大曲浜には代々伝わる伝統芸能の獅子舞がありました。震災の影響で無くなったんですが、何体かの頭（かしら）を見つけて洗って復活したんです。そこに参加したことで一番勇気づけられました。小学校5年生までゴタゴタしていたのが、獅子舞のお陰で私のなかに眠っていた芯の部分が立ち直ったんですよ。

（齋藤）今日はいろいろと話をしてくれてありがとう。さつきさんはこれからも語り部の活動を続けていきたいと考えていますか。

（さつき）やっぱり伝えていかなければと考えています。結局は、これからもたくさんの子どもたちが生まれるわけじゃないですか。震災当時に幼かった子どもたちは小学生になりましたが、地震で大きく揺れたことを覚えている程度だと思うんですよ。津波を見たにしても自分の言葉で話せるわけでもないので、ましてや自分の行動をどうすればいいかまで考えられないと思います。これまでは県外にも語り部として出かけてきましたが、やはり最も大切なのは自分の地域の後輩たちに伝えていくことだと考えています。

（齋藤）さつきさんの語り部の活動は、「語り部」から「語り手」を育てることにもなるんですよね。「語り手」というのは、震災のことをはっきり覚えていなくても、つらい経験をしていなくても語ることはできるんです。さつきさんが東京の専門学校を卒業して宮城に帰ってきて、いつの日か東松島市に素敵なお菓子屋さんを開いてくれるのを願っています。

さつきさんと話している間、「**私は生きなければならない**」という心の叫びが、何度も私の心に届いてきた。震災を体験したひとりの大人として、彼女の幸せをいつまでも見守ってあげたい。

３　北の大地からふるさとを思う
――津田穂乃果さん

東日本大震災発生当時、東松島市立大曲小学校の5年生だった津田穂乃果さんは、当時の仲間と『16歳の語り部』（ポプラ社、２０１６年）を著してから語り部の活動を継続し、高校卒業後は自分の夢を実現させようと帯広畜産大学に進学した。

２０１８年10月、津田さんの大学生活の様子と将来の夢について聞くために帯広を訪れた。

（齋藤）東日本大震災から7年になりますが、当時のことを振り返りながら話を聞かせてください。

（津田）はい、分かりました。３月11日に地震が発生したときは大曲小学校にいました。

当時は小学5年生で、３学期に予定されていたお楽しみ会の練習をするために音楽室にいました。すると練習中にゴーという大きな地響きが聞こえてきて、その後にドンと突き上げられるような激しい揺れに襲われました。何人かの友だちは教室のある方に走って逃げましたが、私はここで動いては危ないと思って、とりあえず頭を守ろうとグランドピアノの下に隠れました。

（齋藤）初めて体験する大きな地震だったと思いますが、地震が起きた瞬間はどんな感覚でしたか。

（津田）不謹慎かもしれないのですが、漫画とかドラマとかアニメの中にいるようなワクワクした感覚になり、気持ちが高ぶっていました。パニック状態になって泣き出す友だちもいましたし、自宅に置いてあるガンプラ（ガンダムのプラモデル）が倒れていないかと心配した友だちもいました。ちょうどそのとき、担任の先生が音楽室まできてくれたので、一緒に校庭に逃げました。校庭は学級ごとに集まっていて、保護者が迎えに来た順に担任の先生に断ってから帰っていきました。なかには窓ガラスの破片を踏んで血だらけになった人や泣き出してパニック状態になっている人もいました。私の親は、小学1年生と3年生の弟の迎えもあったので、地震が起きる前から学校の駐車場に来ていました。

（齋藤）その時点では自宅がどうなったかは分かりませんよね。

（津田）私の自宅は海岸から200メートル位のところにあったので、父も母も大きな地震が来たら津波が来るといつも言ってました。そうしたらカーラジオから女川町に6メートルを超える大津波が襲ってきていると流れてきたので、そのまま内陸部のお祖母さんの家に避難しました。私の場合は、他の人たちのように避難所生活を送らなくてすみました。それでも、母から避難所の状況と友だちの様子を知るべきだと言われて、何度か避難所に連れていかれました。友だちが避難したところは、東松島市商工会議所の避難所でした。そこはダンボールで仕切られていたので、ひと家族に割り当てられるスペースも狭かったし、何より大人が家の片付けに戻っている間は、子どもだけがポツンと残されていました。私の友だちは、何も手伝わせてもらえないからとても暇そうで、学校が始まるまでの時間がとてもつらかったと話していました。

（齋藤）友だち同士で遊ぶこともできないし、大人にかまってもらうこともできないし、日中は置いてきぼりになってしまう時間が長く続いたわけですね。学校が始まってからの様子はどうでしたか。

（津田）学校は４月21日に再開しました。私の自宅は津波の被害で１階が流出してしまって、２階部分は川の近くまで流されてガレキの中にありました。両親は何か使えそうなものがないかと、いつも探しに行ってました。暇な毎日を過ごしていた状況で学校が再開したんですが、学校まで行くだけでも大変でした。ガソリンが無くなりかけながらも、親はどうにかして学校まで送ってくれました。

　その後、東松島市で借り上げたスクールバスが運行するようになりましたが、ランドセルも持たずに通学しました。当時は、友だちと会うためだけに学校に行くようなものでした。

（齋藤）被災した状況がみな違うので、学校が早く始まってほしいと思う生徒と家に誰もいないので仕方がなくて通う生徒など、気持ちに温度差がある状態で授業はどのように進められたのですか。

（津田）クラスには30名近くの生徒がいましたが、県外に避難した生徒もいましたし、津波の犠牲になった生徒の机がポツンと残されている状況が続きました。ですから、ストレスがたまってイライラして気持ちが荒れる生徒が出てしまったり、何かあればすぐケンカになったり、悪ふざけが過ぎたような言動が多くなったり、学校に来なくなってしまったりとかで、授業が平常通り行われなかったです。私のクラスが特にひどかったので、他の2クラスが体育の授業でバスケットボール大会をやっているときも、そこに参加できずに道徳の授業を行うこともありました。

（齋藤）道徳の授業はどんな内容でしたか。先生が何か話をしてくれたり、みんなで話し合ったり、作文を書いたりするような授業だったのですか。

（津田）当時は、普通の授業より道徳の時間の方が多くて、先生からの講話みたいな感じがほとんどでした。そういう風な考え方はダメだよとか、しっかり頑張って生きなきゃねみたいな、お叱りのような説教のような諭すような話ばかりでしたね。

（齋藤）大きな災害があると学校が落ち着かなくなるのはよくあることですが、自分のなかで抑えきれないほどのストレスが溜まってしまったのだろうね。

（津田）『16歳の語り部』にも書いたんですが、友だちの言葉を聞いて頭にきてしまって、椅子や机をその人に投げつけたことがありました。それは、8月頃だったと思いますが、クラスの男子が地震のあった日の話をしていたんです。その生徒が、「俺のお母さんは、地震のときにテンパってマヨネーズしか持って来れなかった」と、笑いながら言うのを聞いたときに、私の母は私たちを安全な所に避難させてから家の状態を見に行ったり、父も家に帰ってから津波に追われるように命からがら逃げてきたりしたので、無性に腹が立ってしまい近くにあった机をその生徒に投げつけたんです。そして怒ったまま教室のドアをバーンと閉めて帰ってしまいました。

（齋藤）穂乃果さん自身も感情をコントロールができないくらい追いつめられた状態だったわけです

ね。

その後、避難所生活が終わってから卒業式まではクラスの状況は改善されたのですか。

(津田) 私の場合は、震災後、わりと遅い時期に仮設住宅への入居が決まってから登校できるようになりました。それでもクラスにはまだ避難所から通っている生徒もいたりして、卒業式まで落ち着かない状態でした。私のクラスは、担任の先生がひとりだけでは収拾がつかないということで、卒業式の２週間前くらいから担任が増員されて卒業式を迎えました。卒業式は普通に行われたんですが、一番仲の良かった男子が「卒業式が終わった。これで自由の身だ」と言ったんです。当時は何となく共感できましたが、何から自由になったのか今になって考えてみるとよくわからないです。

(齋藤) その後、矢本第二中学校に進学してからの生活はどのように変わりましたか。

(津田) 私が通っていた矢本第二中学校は、３つの地区の小学校から通学していたので、大曲小学校と比べると内陸部の生徒も多くなり、避難所から通ってくる生徒や仮設住宅暮らしの生徒の割合がグッと少なくなったんです。そして、部活動が始まってからはストレスを発散できたので、私の学年ではクラスが荒れたりすることはなくなりました。むしろ上級生の学年が落ち着かなかった印象が強いです。

(齋藤) 通学範囲が広くなると表面的には何もなかったような雰囲気になっていきます。そういうなかで、穂乃果さんが語り部になったきっかけを教えてください。

（津田）1年生の後期に、同級生の雁部那由多君から荒れている学校をどうにかしようと、生徒会に誘われたことがきっかけでした。雁部君から長野県諏訪市と東松島市の防災交流会に参加したときの話を聞いて、それから語り部の活動に興味を持ち始めました。その後、雁部君が生徒会長になったこともあり、矢本第二中学校の代表としていろいろな活動に参加するようになりました。そこで、自分の震災体験を語ることが人の役に立てるのだと気づきました。

（齋藤）雁部君は長野県諏訪市での防災交流のときに、大自然のなかで心が解放されたと言っています。そして、3月11日に石巻西高校で開催された「みやぎ鎮魂の日」シンポジウムに参加したことが、語り部になる大きな転機になったそうです。そのとき雁部君は中学2年生でしたね。

（津田）私は3年生のときに「みやぎ鎮魂の日」シンポジウムに参加しましたが、聞かれたことに答えるだけで精一杯でした。3年生のときの国語の担任だった佐藤敏郎先生から、雁部君と相沢朱音さんと私の語りをいろいろな人に聞かせるべきだとアドバイスをしてもらいました。

（齋藤）全国各地に語り部の活動に出かけたと思いますが、特に印象に残っていることはありますか。

（津田）最も印象に残っているのは、高校1年生の夏に東京で初めて語り部をしたときです。実際にどれだけの人が集まるのかと思っていたんですが、会場に着いたら50名くらいの人たちがいました。自分たちの話を聞くために集まってくれて、すごく真剣に聞いてもらえたことに感動しました。

（齋藤）震災のつらい体験を語り継ぐことによって、人の心を動かす力になることを知ったのですね。

語り部として活動していくときに、防災に対する温度差を感じたことはありましたか。

（津田）高校1年生になった頃は、震災から4年も経っていたので、東京方面の新聞では東日本大震災のことはあまり取り上げられなくなっていました。私は高校1年生の冬まで仮設住宅で暮らしていたのですが、東京の高校生から「まだ仮設住宅に住んでる人がいるの？」と言われたときには少しショックを受けました。

（齋藤）高校時代で特に思い出に残っている活動はありますか。そして、いつ頃から将来の進路や夢について考えるようになったのですか。

（津田）佐藤敏郎先生と雁部君と一緒に参加した諏訪市での防災研修会でしたね。諏訪市の子どもたちの防災意識はとても高く、その場に大人もたくさん参加していることに感銘を受けました。私たちの話を聞く前から防災に関する知識をしっかりと学んでいたので、深く掘り下げながら話すことができました。

（齋藤）諏訪市と東松島市は継続して交流を続けていたので、諏訪市の小中学生や高校生からも語り部と交流をしたり、避難所運営ワークショップをしたいという要望が以前からありました。諏訪市の災害の歴史や地域性もありますが、学校の教育活動のなかで常に取り組んでいないと簡単に対応できるものではないですよね。

（津田）被災地の語り部と交流して終わりではなくて、自分たちが暮らしている地域に起こりうる災害のことを考えているんですね。そしてワークショップを通して得た実践力を地域のなかで活用する意気込みが感じられたんです。対話を深めながら行うワークショップがすごく印象的でした。

（齋藤）語りには個人的な意味と社会的な意味がありますが、個人的な意味は穂乃果さんが過去を振り返りながら自分の記憶を整理していくことです。社会的な意味は自分の体験が人の役に立てる喜びや自己有用感につながります。穂乃果さんにとって諏訪市での交流は、両方の意味合いを持てた時間だったわけですね。その後、大学進学のために語り部の活動を控えるようになったそうですが、自分の将来の夢をどのように描いてますか。

（津田）以前から動物に興味があり農学系に進学したいと考えていましたので、宮城県から近い岩手大学を希望していました。岩手大学のオープンキャンパスに何度か参加していましたが、高校3年生になってから帯広畜産大学を見学しにいったときに、帯広畜産大学の学生の表情が他の大学生と違って感じたんです。みんなキラキラと輝いていて、キャンパスのフィールドも良かったので受験しようと決めました。また、私は狼や熊が好きなので、北海道で大学生活を送れたら良いなと思うようになりました。将来の目標は、大学でいろいろな地域の動物と人間との関わりを学んだことを生かして、環境問題を研究してみようと考えています。

（齋藤）帯広畜産大学を選んで環境問題を研究するということで、北海道に来たことに人生の出会いのようなものを感じるときがありますか。

（津田）はい、あります。帯広に来てからいろんな自然を見る度にそういう思いは強くなりましたね。たとえば、帯広畜産大学では1年生のときに、クラスで豚を1頭育てることになっていますが、それを屠畜してソーセージにして食べる実習があるんですね。そのときにも命の大切さや動物と人間との関わりについて深く考えさせられます。

また、搾乳のアルバイトをしていて、そこで命が生まれたり失われたりするのを目の当たりにして、自分たちの「当たり前」が決して当たり前でないものの上に成り立っていることを日々実感しています。環境と自然災害について考える授業もあり、今はとても充実した生活を送っています。

（齋藤）環境問題から命のことまで毎日のように考える機会が多くなったわけですね。ずっと遡れば、震災後に命について考えたことによって、ひとつの生き方が見えてきたのかもしれないですね。

ところで、２０１８年の９月６日に胆振東部地震が発生し、直後に穂乃果さんから緊急のメールが届きましたけれども、あのときの状況について教えてください。

（津田）地震発生は夜中の３時頃でしたが、ふたりの友だちとずっと話し込んでいたときに、急に電気が消えて揺れ始めたんです。私としては東日本大震災の揺れを経験していたので、震度３か４ぐらいの気持ちでいたんです。北海道民の友だちは大きな地震を経験してこなかったようでパニックになったんです。その友だちか

命とふれあう穂乃果さん

ら「どうしてそんなに落ち着いていられるの？」と聞かれたんですが、東日本大震災のときの揺れの方が大きかったからと答えたら、ひとりでいなくてよかったと安心していました。そして、真っ暗な状態のまま外に出て星を眺めていました。「真っ暗な夜は星が綺麗に見えるんだよ」と言いながら、東日本大震災のときに見上げた夜空を思い出していました。

（齋藤）胆振東部地震によって、周囲の人たちの災害に対する意識はどのように変わりましたか。

（津田）私の友だちの家は病院の近くにあったので、わりと早く電気が復旧しました。情報を集めるためにテレビをつけて札幌の様子を見たときには、東日本大震災の光景と重なりましたね。

そして、津波ではなくブラックアウトとか地震による倒壊などの被害が大きくなったことを知りました。東日本大震災のときは、自分のことだけで精一杯で、周りの人たちのことを考える余裕もなかったんですが、テレビの画面越しだと自分事に感じられない感覚もありましたね。

（齋藤）語り部の活動が北海道の人たちの役に立てるのではないかという気持ちになりましたか。

（津田）そうですね。私が実践してきた活動は震災直後の行動の取り方というよりは、災害に遭う前にどんな生活をするべきかを伝えるのが中心だったので、北海道の人たちにも私と同じような後悔をしないように発信していきたいです。

（齋藤）近年は台風の進路が大きく変わってきて北海道にも大きな被害をもたらすようになったり、ブラックアウトなどの都市型災害に対応するための見直しを迫られたりしたことで、北海道民の防災意識も大きく変わったのではないですか。

（津田）寮の先輩が防災バッグを買いましたが、結構高かったらしいです。多くの道民が今回の地震を体験して絶対に防災グッズが必要だと気づいたらしく、電池とかもすぐに売り切れてスーパーに行っても手に入らないと言ってました。それから、友だちがラジオを買いました。ひとり一人の意識は確実に変わって行動に移すようになりました。

（齋藤）地球温暖化が進むにつれて、大人の経験知と判断だけで的確な対応ができにくくなってきたことは、肌感覚でわかってきたと思います。私は「災間を生きる」という言葉をよく使いますが、災害と災害の間を生きる若者たちの意識が、少しずつでも大人の意識を変えていってほしいと願っています。穂乃果さんの活動もその延長線上にあると考えています。

（津田）そうですね。人との関わりを続けながら、自分から発信することで自分自身も変わってくるという意識もありますし、少しでも人の役に立てるのであればどんどん実践していきたいですね。

（齋藤）現在の段階で考えている将来の夢や職業があったら教えてください。

（津田）帯広畜産大学に入ってから命について考えることが多くなりました。どんな職業に就きたいかは漠然としていますが、どんな仕事に就いたとしても人の役に立つことをしていきたい気持ちに迷いはないです。故郷に帰るときには、胸を張って「ただいま」と言える人間に成長して帰るつもりです。

4 避難所運営と看護教育
——安倍藤子先生・岩佐郁子先生

震災発生直後に発令された大津波警報を聞きながら、石巻赤十字看護専門学校の学生と教師たちは、近隣の石巻市立湊小学校に急いで避難し、救助が到着するまでの数日間を水や充分な物資もない状態で避難所運営や傷病者の手当てを行った。

2019年1月、石巻赤十字看護専門学校の副学校長の安倍藤子先生と岩佐郁子先生に震災当時を振り返ってもらいながら、その時の苦悩と今後の看護教育についてうかがった。

（齋藤）石巻赤十字病院が蛇田地区に移転したのはいつ頃でしたか。

（安倍）2006年5月に日和大橋のある湊地区から蛇田地区に移転してきました。

（齋藤）東日本大震災が発生したときに、石巻赤十字病院が湊地区にあったら大変でしたね。

（安倍）そうですね。道路が寸断されて孤立状態になったと思います。当時は看護専門学校と一緒でしたが、事情があって看護学校は湊地区に残っていました。

（齋藤）震災が発生したときの学校の様子はどうでしたか。

（安倍）３月11日は金曜日なので、１年生と２年生は通常通りの授業をしていました。３年生は前日が卒業式だったので、式後の後片づけをするために学校に数名残っていたと聞いています。地震が発生したときに学生と一緒にいた岩佐先生にそのときの状況を詳しく説明してもらいます。

（岩佐）ちょうど「災害時における学校の対応」というテーマでの教師会議でした。災害時に学校としてどのような対応をとるべきか、病院とは違う形で学校独自の計画を立てるための会議です。今で言うところのＢＣＰ（事業継続計画）です。

（齋藤）地震に遭ったときの学生たちの様子やその後の対応について教えてください。

（岩佐）学生たちはかなり動揺していました。教室から叫び声が聞こえてきましたから。会議に出席していた学年担任が、学生の安否確認のため２階の各教室に走っていきました。教職員全員で安全を確保しながら、揺れの合間を縫って屋外の駐輪場や広い駐車場に避難させました。かなり寒く雪も降ってきて、着の身着のままで避難した学生たちは寒さで震えていました。そこで、今後の事も考えて玄関脇の更衣室から防寒着と携帯電話のみ持参させました。

（齋藤）当時の学生数を教えてください。また、病院と学校との連絡はどのようにしましたか。

（安倍）１年生と２年生が各39名で３年生が６名、そして教職員が10名の総勢94名でした。

（岩佐）地震が発生した直後はどうにか電話が通じたので、学校の建物の被害状況と全員の無事を報告しました。しかし、それ以降は連絡が取れなくなったので、学校から慌てて携帯ラジオを持参して学生対応の教員に情報収集をするよう伝令しました。

（安倍）病院の防災無線もまったく使えないし、何をやっても通じない状態でしたね。石巻市内で電気が点いていたのは石巻赤十字病院だけで、自衛隊が救援に来てから日本赤十字社本社とも連絡が取れるようになりました。

（齋藤）ライフラインが完全に途絶えて、すべての連絡が取れなくなるのは恐怖でしたね。その後、揺れがおさまってから津波が押し寄せて来るまで1時間もなかったと思いますが、津波警報はいつ頃発令されたのですか。

（岩佐）発災後、地域の人々が三々五々学校に集まってきました。それぞれ教職員が手分けして、避難してきた人々を収容するための避難テントの準備、学生や教職員の避難所開設を検討していました。でも、それぞれが混乱していたので何をするにしても時間を要したんです。少しでも情報が欲しくて駐車場に停めていた自家用車のカーラジオをつけると、岩手や福島の太平洋沿岸にかなり大きな津波が襲来し、宮城県沿岸にも危険が迫っているというニュースが流れていました。避難先は学校の裏手の牧山市民の森はどうか、近くの湊小学校に向かうべきかなど、いろいろ考えているうちに20分くらい経過していたと思います。一旦は牧山市民の森に向かって移動を始めましたが、校門付近まで進んだときに土砂崩れがあって危険だろうという情報が入ったので、牧山市民の森に行くのを中止しました。そうこうしているうちに、防災無線のサイレンがけたたましく鳴り始めて大津波警報が発令されました。すると、近くの工事現場の上の階から「津波が来てるぞ。早く逃げろ」と、誰かがすごい声で叫んでいました。それで湊小学校への緊急避難を決定して走って逃げたのです。教職員は学生を先導する者と学校に戻る者とに分かれました。学生たちは道に倒れ込んでいるお年寄りの手を引いたり背負ったりしながら、湊小学校に避難したようです。そして、最後の学生が湊小学校の校舎内に入ったとき、津波が1階に押し寄せたそうです。慌（あわ）てて2階から3階へと上っていった教職員たちは、窓から黒い津波が押し寄せて来る光景を目の当たりにしたそうです。

（齋藤）看護学校の建物はどうなりましたか。立地状況を考えると流される可能性が高いと思います。

（岩佐）建物は流されなかったです。もともと病院を改築したもので、玄関脇の左廊下の突当たりが非常口でした。学生たちが濡れないようにと、私ともう1人の教員がストックしていたカッパを非常口近くの倉庫まで取りにいき、そのとき玄関扉と非常口扉を開けたままにしたんです。結果的にそこを津波が通り抜けたので、ある程度津波の衝撃を和らげることができたのだと思います。扉を開けていなかった教職員室は、津波が壁を突き破って入ってきたためにドロドロの状態でした。

（齋藤）あのときは、道路ひとつ隔てただけでも被害に大きな差が出ました。その時点で犠牲になった学生はいなかったんですか。

（岩佐）前日が卒業式だったこと、体調が悪く休んでいた教員や家族の安否を気遣って早退した教員もいましたが、幸いなことに亡くなった人はいませんでした。それについては奇跡だと思っています。もしも、3月11日が卒業式で家族も一緒に出席していたら大変なことになっていたと思います。

（齋藤）将来は医療業務に携わる学生たちですが、避難所での実際の行動はどうでしたか。

（岩佐）湊小学校の2階は水に浸からなかったのですが、大津波警報が続いて発令されていたので、3階から4階のエリアが避難所となり、学生たちは被災者のお世話をしました。

（齋藤）石巻赤十字病院にいた安倍先生は、看護学校まで行ける状態ではなかったわけですよね。

（安倍）そうですね。何が起こっているのかまったく分からなかったし、外来での救急対応に追われていたので、行きたくても行けなかったのが実情でした。聞くところによると、「救助に行ける状況じゃないんだ」と言いながら救急隊員が泣いていたそうです。その状況から何かとんでもないことが起きているのだと感じました。

3月12日以降は、この地域での医療は石巻赤十字病院しか機能していなかったので、あちこちからヘリコプターが来て救急患者を受け入れるかたわら、抜糸予定だったが受診はどうしたらいいか、「赤ちゃんをお風呂に入れほしい」などの細々とした相談が多かったですね。そういうなかで避難者のお世話も行ったりしたので、すべてに翻弄された感じでしたね。だから、学生たちを助けに行けなくて申し訳なかったと今でも思っています。

（齋藤）湊小学校での避難所生活について、学生たちの活動を詳しく教えてください。

（岩佐）避難所には1、2年生と卒業した3年生6名がいました。卒業生の場合は、ある程度アセスメントして判断したり、コーディネートして工夫する能力があります。2年生は基本的な日常生活のケアを実践することができますし、1年生はそばに寄り添って相手の痛みをともに感じて励ましながら、人を大切にする対応ができます。それぞれの学年が持っている能力を発揮しながら、湊小学校に避難してきた被災者の方々を支えてくれました。避難所では湊小学校災害対策本部からの要請もあり、教職員と学生がシフトを組んで24時間体制の救護活動となりました。骨折した人や津波から救出された低体温症の高齢者など、健康被害の大きい被災者も多く、そのときに一番怖かったのは死者を出すということでした。学生たちはこの避難所で亡くなる人を出さないという強い使命感を持っていました。特に、低体温症の人の命を守るために、必死に身体をさするなどしてくれました。当然のことながら暖房器具など何もありません。人の力しかないわけですから。ずぶ濡れで救出された被災者の衣服を脱がせ、小学校に残されていたあらゆるもので身体を覆い低体温症を回復させせようとしました。

たとえば、湊小学校の子どもたちには申し訳なかったのですが、校舎内にあった大漁旗とか鼓笛隊のユニフォームなどを着せたり、少しでも衣服の代わりになるように道具箱の袋で濡れた皮膚を覆ったりしました。しかし、それだけでは低体温症からの回復はかないません。学生たちは5～6人のグループを編成して、24時間体制で手足の末端から体幹、全身をさすりながら声を掛け続けました。高齢の被災者の中には、低体温症なのか脳梗塞なのか、それとも他の余病によって意識がないのか判断に苦しむ事例もありましたが、学生と一緒に注意深く観察し続けてフィジカルアセスメントを繰り返し繰り返し行いながら、わずかな変化を確認していきました。このような対応を続けていく過程で次第に体温が上がり、低体温症の方々は意識を取り戻してくれました。５日間の避難所での活動でしたが、その間に亡くなった被災者はいませんでした。ただ、人工透析療法を受けている方や人工排泄機能を持たれている方、気管切開をして喀痰困難な子ども、服薬が中断しているてんかん発作を有する子ども、パニック症候群や精神疾患を有する被災者、血尿のため体調が増悪している被災者など、急いで医療的な処置を必要とする被災者も次第に増えていきました。学生たちは、専門的な直接的医療ケアはできませんが、被災者の思いを聴いたり、苦痛を確認して教職員に伝えてくれました。被災者と対峙する厳しい状況のなかで、被災者の方々の尊厳を守りながら、私たち教職員との橋渡し的な役割を充分に果たしてくれたと思います。

ある認知症を有する高齢の被災者と家族がパニック状態になっていた事例もありました。家族はその被災者の家族だと名乗れないぐらい混乱し、「この人は近所の方なんです」と言って学生に預けて姿を消してしまいました。その高齢の被災者自身、物凄く不安な状態で混乱していました。学生たちは、「先生、私たちはこの方に何ができるのでしょうか」と自問自答するんですよね。そこで私は、「今は、みんなが不安な状況です。安心させてあげることが大切ですよ。大丈夫です。一緒に添い寝してみて」と励ましたんです。ずっと起きて何かをしてあげることも大事なときがありますが、今は1日の活動と休息のバランスを整えること、寝るときには寝る、生活のリズムを整えることと安心できる環境づくりが大事であると話しました。学生たちは自分たちが横になることを、すぐには良しとしなかったですね。それでも横になって自分自身がリラックスすることで、不安を抱え混乱していた高齢の被災者に安心感をもたらすということを身をもって経験できたと思います。それまで奇声をあげて避難所から出ようとしていた高齢の被災者が、次の日になると自分の傍に寝ている学生たちの頭を優しく撫(な)でていました。学生たちの思いや姿勢が、その被災者の心を落ち着かせる力になったのだと思います。

（齋藤）看護師をめざす学生であれば、目の前に被災者や患者がいたら、自分だけ寝ることはできないと思うはずです。そういう体験をした学生は、その責任感の重さで自分が疲れ果ててしまうことも心配になりますね。

（岩佐）私が最も気をつけたのは、学生たちが必要以上に責任を感じてしまう状況をつくらないことでした。

たとえば、被災者の全身をさするときに、津波から救出された被災者の衣服は泥だらけです。当然そこには塩分も含まれているだけでなく、汚泥(おでい)から救出されたときの砂利が皮膚に残っているわけです。学生たちは素手(すで)で衣服を脱がせ大漁旗で身体を包(くる)んだりするのですが、被災者には傷があり出血をしているかもしれないのです。今度は学生の活動の安全や健康被害が心配になりました。その場で発症しなくとも、2年先とか3年先にさまざまな形で影響が出ないだろうかと危惧しました。だから直接皮膚を触らないようにと、布1枚でもいいから何かを介してさするように指導しました。看護の仕事は人の命と尊厳を守ること、人と暮らしに焦点を当て生活者としての人を支援することが一番大事です。そのためには、自分自身の安全も大切に保証できないと長く続けられません。何よりも健康な状態で親元に返さなければならないという責任もありました。

（齋藤）私の場合は、教職員の安全や心のケアに対する配慮が充分に行き届かなかったと、いまだに自責の念にかられるときがあります。

（岩佐）湊小学校の避難者数は、初日には約1200人でした。看護学校の学生と教員を合わせると94人でしたが、ひとりずつ親元に返すことができましたので、数日後には4割程度になりました。

（安倍）避難所の運営を担当した教員が言ってましたが、避難所での業務量は変わらないそうです。避難者の要望は多くなってくる一方で、対応できる人員が減ったのでかなりきつかったはずです。

（岩佐）そうでしたね。避難所では感染症を発生させない、まん延させてはいけないことが大きな目標でした。学生も教職員も含めて食中毒を起こさないようにとか、風邪をひかないようにとか、劣悪な生活環境を改善するため、各教室の換気やトイレ掃除、救護所にしていた教室を土足禁止にするなど、懸命に行っていました。

数日の活動の結果、避難生活の長期戦は避けられない状況だったので、被災者の方々に自分たちが避難所運営を行う意識を持ってもらい、朝の班長会議で感染対策に理解と協力が必要であると伝えました。そして、教室や廊下の掃除の徹底と教室内の土足禁止、トイレ掃除の協力、地区毎の教室の使い方を提案したのです。湊小学校災害対策本部の調整により教室は地区毎に分けられて班長が選出されていました。そして、班長会議で承諾されてからは、避難所での自治活動は少しずつ確立されていきました。人間はボーッとして何も考えない時間が増えると不安になります。協力し合える関係や何か役割があると、その人なりに生き生きと活動することができます。湊小学校での5日間のなかで、被災者の方々には役割のシフトを組んで活動したり、協力をいただいたりしました。

（齋藤）災害が発生した直後の混乱期では、何をどうしたらいいかわからない状況が続くのですが、避難所が落ち着いてきたら避難者による自主運営が必要になってきます。

　ところで、震災による健康被害のなかに低体温症や津波肺がありますが、石巻赤十字病院にもたくさんの避難者が押し寄せたと思いますが、そういう症状の患者さんは多かったんですか。

（安倍）救急外来ではそのように言ってましたね。ヘドロを飲み込むことによって肺炎の症状を起こしてしまい、その治療にはかなり難渋（なんじゅう）したと聞いています。

（齋藤）震災の教訓として、お薬手帳と家族写真をあげる人がいますが、確かに家族写真があれば、その場で情報提供ができたのは事実でした。今の時代を思えば、家族写真を1枚でも持っていれば高齢者の心の支えになるのかなと思ったりもします。また、お薬手帳がないために地域の開業医が仕事を再開しても薬の処方ができなかったという話もよく聞きました。

（岩佐）地震から3日目に、近所の薬剤師が市販の薬を背負いかごで避難所まで持参してくれました。消毒液やら降圧剤や抗生剤、風邪薬やらたくさん持って来てくれました。そこで学生と一緒に市販薬の整理と聴き取り調査をして回りました。被災者のなかには高血圧の方が非常に多かったのです。確かに、ほとんどの方がお薬手帳を持っておらず、対応が難しかったですね。同日に自衛隊のヘリコプターとマイクロバスによる救出搬送がスタートしました。

翌日、近くの開業医により整理した薬剤から処方を受けることができた被災者も多くおりました。

(安倍) 国内外からたくさんの救護班や医療支援チームが病院にも駆けつけてくれましたね。ローラー作戦(被災地域をしらみつぶしにまわって被災者の状況やニーズを把握する方法)でたくさんの避難所の状態を把握し、そのニーズに合った医療チームを派遣していました。

(齋藤) 石巻西高校の避難所には、オーストラリアから眼科医がボランティアで来てくれましたね。災害後に発生したガレキの粉塵で眼の症状が悪化しないようにと、たくさんの目薬をいただきました。学生たちのその後の様子についてもうかがいたいのですが。

(岩佐) 教職員と学生たちは3月14日17時10分、湊小学校からの撤収命令により徒歩で石巻赤十字病院まで避難し、翌日から教職員とともにボランティア要請に応じた活動をしていました。それは信じられない光景でした。数日とはいえ、飲食も睡眠もほとんど取れないあの劣悪な状況下での体験、灯りのない夕刻撤退、しかも、学生たちは家族にとっては安否不明者でした。その状況の中でボランティア活動している姿は正常ではないと思いました。おそらく学生も教職員も使命感や役割意識がそうさせていたと思います。しかし、災害急性期の看護支援活動のなか、心も身体も疲弊しきっている学生たちが携わることに不安を感じました。極限状態に近い体験をしてきた学生たちの体調は、少しずつ崩れている可能性が高かったからです。学生たちや教職員は感情的にもまだ高ぶっており、人の役に立つことで今の自分が生かされていることを実感する状態にあったと考えました。いったんそこからクールダウンして心と身体のバランスを保たないと、どのような心の変化や影響が現れるのかが心配でした。学生たちと教職員のボランティア活動を一端中止するために、病院の臨床心理士からアドバイスをいただくことにしました。「ＰＴＳＤ（心的外傷後ストレス障害）も危惧されるので、今の時点で最優先にすべきは心の安全・安心の保障である」とアドバイスを受けた結果、ボランティア活動は中止、その後、病院の臨床心理士の協力のもと学生たちや教職員に対して、さまざまな心のケアを１年間にわたり実施しながら、経過を観察しました。

（齋藤）やはり、災害が多発して先の見えない不安が大きくなっていく時代だからこそ、心のケアの体制を整えておくことは大事ですね。

（安倍）日本赤十字社の組織自体が国の補助機関であり、災害時に大きな力を発揮するために活動する使命を担っているわけです。それで職員は復興の支援のために医療を提供していますが、学校としては学生たちを守りながらも、人材を育成することが大きな使命でもあるわけです。当然のことながら、日頃から心のケアの準備もしておく必要があると考えています。災害後のＢＣＰ（事業継続計画）と心のケアを並行させながら体制を構築していこうと思っているところです。

5 「浮いて待て」
——安倍淳さん・志摩子さん

東松島市野蒜（のびる）地区で河川の水質調査や河床の環境調査、そして潜水士を育成してきた安倍淳さんは、妻の志摩子さんと長年にわたり着衣泳の指導に携わってきた。1981年に安倍ダイビングサービスを設立し、その2年後に朝日海洋開発と社名を変更してからも、自分を育ててくれた海への恩返しをしたい、得意分野である潜水の分野で社会に貢献したいという思いで社会貢献を果たしてきた。

しかし、東日本大震災の大津波で多くの友人や親戚を失い、さらに自宅と会社を失ったことで人生の大きな転機を迎えたという。鳴瀬川河口から7キロメートルも津波に流された体験を語り継ぐ活動を通して、着衣泳の基本である「浮いて待て」の普及に力を入れている。志摩子さんは看

安倍さん夫妻が流されたルート

護師の経歴もあり、避難所運営の経験や心のケアなど、命の教育の大切さを語り継いでいる。志摩子さんが命について語るときの言葉は重く、聞く者の心を引きつける。ふたりは水難学会に所属している。

震災前の自宅と会社は鳴瀬川と吉田川が合流する河口にあり、当時は堤防の上にある新町コミュニティセンターが1次避難場所だった。新町に住んでいた人たちは、これまでの経験からコミュニティセンターに避難したが、想定外の大津波が堤防を越えて襲ってきて安倍さんの自宅と会社は大津波に呑み込まれた。

ふたりの行動は、「奇跡の生還」として新聞などで話題になったが、津波は堤防を越えないという経験知にとらわれてしまったことを、「私のあやまち」として語り継いでいる。

2018年11月、これからの防災教育や心のケアのあり方について研究するために、鹿島台に移転した会社を訪問し、ふたりの被災体験を語っていただいた。

（齋藤）震災から7年以上も経ちましたが、あらためて震災当日の様子をお話しください。

（志摩子）あの日は、ふたりで事務所にいて午後3時に娘たちと出かける予定でした。大きな地震でしたが津波のことは全然頭になかったです。すぐにラジオをつけて3メートルの津波とか7メートルの津波が来るという情報を聞いても、ここには来ないから大丈夫だなと思っていました。その後は、近所のお年寄りが心配だったので見回りをしながら、自宅で水をじゃんじゃん汲んで断水に備えていました。主人は車で会社を見に行きました。

（淳）これまでの経験からして、同じような地震が何度起きても頭のなかで津波に直結することはなかったです。私が１歳のときにチリ地震津波が発生して、おふくろに抱えられて裏山に逃げた写真をよく見せられました。それでも、「ここは鳴瀬川の河口付近だし、津波は川をさかのぼっていくから堤防を越えて来ないよ」と聞いて育ったので、その思い込みにとらわれていて命の危険にさらされるとはまったく考えていませんでした。

（齋藤）私は松島湾内の離島育ちですが、津波はそのまま防波堤を直撃して破壊すると思っていました。しかし、大きな川のある地域では、津波が川を遡るので堤防を越えないだろうと思いがちなんですね。同じ海の近くに住んでいても、その地形によってかなり意識の違いがあるんです。

（淳）私たちは１級河川の鳴瀬川の河口から流されて、並行して流れている吉田川を７キロ以上も遡ったんですが、川は水の通り道なんだと改めて実感したんです。だから河川の上流だからとか海から離れているから大丈夫と考えるのは大きな間違いですね。川の周辺はすべて危険なんだと、今更ながら思っています。

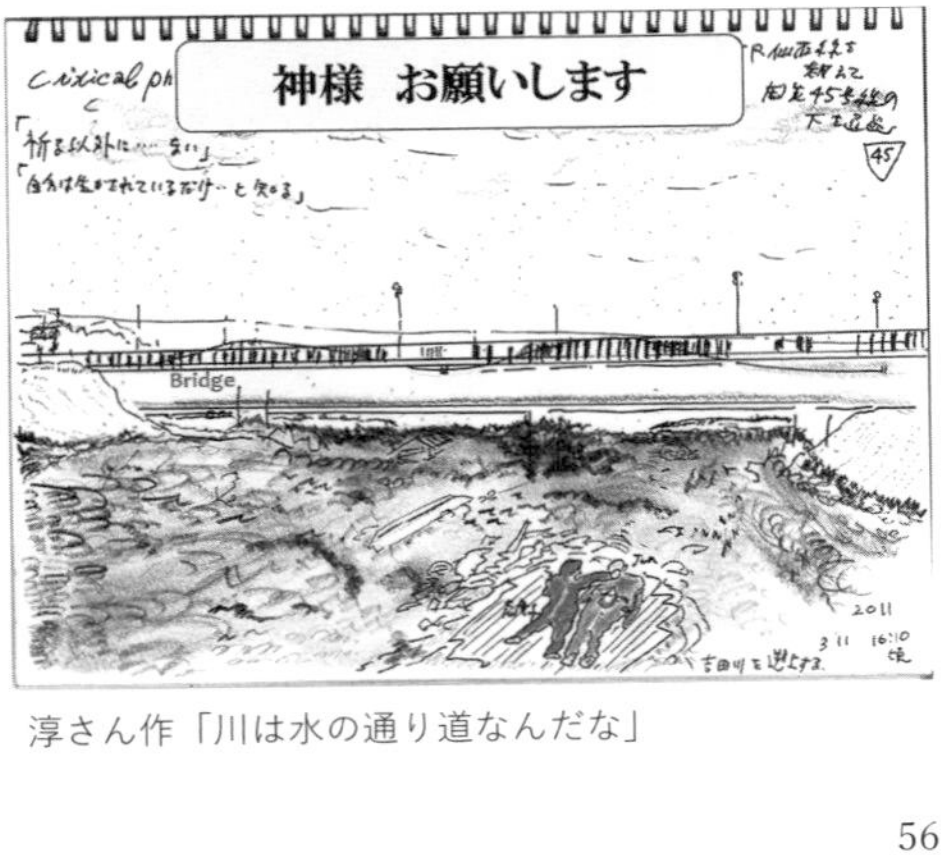

淳さん作「川は水の通り道なんだな」

（齋藤）人類の歴史を遡ってみれば、世界の四大文明はすべて大きな河のある地域で繁栄してきたんです。川からの恵みをもらっていながら、川の怖さというか、自然の驚異を忘れてしまうと同じ失敗を繰り返すことになります。安倍さんの自宅と会社があったのは野蒜新町ですよね。やはり、河口にどんどん家が建てられていった背景には、津波に対する意識が低かったことと関係がありますか。

（志摩子）私たちが一度でも津波の歴史を紐解いてさえいれば、伊達政宗の時代にもこの地域が災害に見舞われた事実がわかるんですが、震災当時はここに津波は来ないと思い込んでいたんですね。過去の歴史や言い伝えを忘れた人たちが、徐々に便利な所に住んでいったのが野蒜新町だったわけです。

（淳）その後、震災で地元の多くの人たちが亡くなってから、私たちだけが生き残っていいんだろうかという気持ちが強くなったことは間違いないです。私たちは逃げなかったんです。避難行動を取らなかったんです。それなのに避難所に逃げた人たちが亡くなった事実を後から知ったときはショックでした。本当に偶然ですけど私たちは生き残ったんですよ。だから生き残ってどんなことを見たのか何を感じているのかを伝える責任があると思っています。避難所に逃げて亡くなった人に対して、今でも後ろめたい思いがあります。また、地震が来たら津波が来るからすぐ逃げるんだよと、子どもたちに着衣泳の指導をしていたにもかかわらず、自分たちが動けなかった事実が心のなかに深く残って消えないです。ですから、いろいろな人たちに私たちの教訓を伝えることで、少しずつ心が軽くなって解放されるんですね。自分を懺悔（ざんげ）するというか、なんとなく不思議な気持ちになります。

（志摩子）子どもたちからは、なんで志摩子さんたちは逃げなかったのかと絶対思われたはずです。津波の紙芝居を見せながら、地震が起きたら津波が来るからすぐに逃げるんだよと教えていたんですから。ただ、それは三陸のリアス式海岸のことであって、私には鳴瀬川河口の新町にあてはまらないという思いがずっとあったんです。だからこそ、子どもたちには顔向けができないと思いつつも、たとえどんなことをしてでも語り継ぐのが私たちのつとめだと考えることにしたんです。

（淳）多くの人たちの前で自分たちの体験を話したときは、恥ずかしさや後ろめたさのような気持ちが残ります。同じような体験をしてほしくないという、それだけの思いで伝えることにしています。

（齋藤）今日は、ふたりが体験なさった事実を紹介するだけにはとどまらないで、さまざまな視点から防災についての考え方をうかがいたいと思います。ふたりの体験をうかがっていますと、サバイバーズギルトという言葉が頭に浮かんできました。大きな災害に遭った人たちが、自分だけが生き残って申し訳ないとか、自分はこのまま何もしないでいいのかという感情が強くなると言われます。震災後に多くの人たちが同じような思いを抱いて生活しています。震災で生かされた人たちが、これからどのように生きるのかが大切なのだと思います。語り継ぐ思いに至ったきっかけについて、もう少しお話しください。安倍さんご夫妻が海洋の専門家であるがゆえに、なおさらその思いが強かったのではないでしょうか。

(淳) そうかもしれないですね。海がなければ潜水などの仕事を続けることはできないです。考えてみれば、海に関する知識や情報などはすべて知っていると思い込んでいる自分がいたんですよ。やはり、震災前に地域の災害の歴史を知る必要がありましたし、地域に根ざした防災意識を高めておくことが重要だとあらためて認識しています。

(齋藤) 私も震災で教え子を亡くしたつらさはありますが、だからこそ語り継がずにはいられない自分もいます。そういう意味では、何も行動しないまま人生を終われないという思いが強いです。

ところで、着衣泳の指導を受けた女の子が、野蒜小学校の体育館のなかで身体を浮かせて助かったという話を聞いたときはどうでしたか。

(志摩子) 本当にびっくりしました。津波が野蒜小学校の体育館に押し寄せてきたときに、着衣泳を思い出して助かったという記事を水難学会の仲間が知らせてくれたんです。そのことを水難学会の会長に教えたら号泣したそうです。その子が助かったことで、着衣泳を指導してきて本当によかったなと思いました。だからといって、着衣泳を知っていれば津波のときに必ず助かると短絡的に思ってはダメです。

(淳) 東松島市内の小学校を中心に10年以上も着衣泳の指導に関わってきましたが、着衣泳を実践してくれたことに対して、まず初めに驚きました。冬季の体育館で、ましてや津波が侵入してきているなかで実践したこと自体、大人には想像できない何かを教えられました。一生に一度あるかないかの災害のときに、教えたことを役立てる子どものレジリエンス（直面する困難や脅威に対して、うまく適応できる能力）力にビックリしましたね。

（齋藤）その話を聞いて思ったのは、小学生のときに教えられた着衣泳の力と本能的に持っている自助の力です。頭で考えると同時に身体が自然に反応して助かることができたのではないかと思いました。着衣泳は何歳くらいまでが対象なのですか。

（志摩子）幼稚園から小学校、中学校、高校、そして大人も対象にどの年代でもやっているんですよ。現在では、船員を対象に5年に一度の免許更新のときに、国際条約の決まりによって救命胴衣を用いないで海面に浮遊する技術の習得が課せられています。ですから、国際的な視点からも海面に浮遊する技術を身につけるべきだと理解すべきです。私たちが野蒜小学校で実践したビデオを活用しながら、着衣泳を身につけたうえで社会に出てほしいなと思います。それから、着衣泳を始めたきっかけですが、海のすぐそばで生活する子どもたちに対して、災害時に自分で身を守る力を伝えておくべきだと考えたからです。初めは水に浮く実技ばかりやっていましたが、雨天のときは中止になるんですね。そこで、中止になってもできる雨の日プログラムとして、なぜ着衣泳をしなければいけないのかまで教え始めたんです。理由がわかるといざというときに動けるからです。着衣泳で助かった女の子もそのひとりでした。災害にはいろいろなシチュエーションがあるので、そのときにとっさに判断できたのは、なぜそれが正しいのかをしっかりと理解していたのだと思います。

(淳) やはり、9年間の義務教育のうちに短時間でもいいから着衣泳に関わっていくことで、いざというときに最善の行動をとれる能力につながっていくのだと思います。

(齋藤) 小学校で体得しても、中学生になったら頭で考えるようになったり、水との関わりがどんどん減ったりするので、とっさの判断力が身につかないのではないかと思います。現在、中学校で着衣泳を実施している学校はどれぐらいあるんですか。

(志摩子) 震災後に閉校になりましたが、鳴瀬第二中学校では全学年が着衣泳を実施していましたね。でも全国的に見れば多くはないですね。仙台市内のいくつかの中学校で実施していますが、この地域の中学校では実施していないですね。

(齋藤) 一般的に考えたら、沿岸部で暮らす人が着衣泳を実施する理由はわかりますが、そうでない地域で実施する必要性が理解されないと増えていかないと思うのですが。

(淳) そうですね。でも子どもたちはこの地域にずっと定住するとは限らないし、高校生や大学生になったら別の地域で生活する可能性も高いし、社会人になって他県で暮らすこともありうることです。結婚したらなおさらその可能性は高いですよね。

(志摩子) 極端な話をすると、川に遊びに行って釣りをするときにも着衣泳は必要なんです。水のあるところには必ず危険がついてまわるからです。

(淳) 横断歩道の信号がありますよね。赤は止まれとか緑は渡っていいとか、そういうのと同じレベルで着衣泳を教えられたらいいなと思っています。

（志摩子）豪雨災害のときに高齢者がたくさん亡くなっていますが、そういうときでもカバンを前に抱いて逃げるとか、浮く方法を知ってさえいれば誰かに助けてもらえる可能性が高いわけです。

（淳）これまでの水泳教育は、泳ぐ速さとか綺麗なフォームなどが求められることが多かったんです。しかし、それ以前に水の事故から身を守るという考えが基本のところにあります。これからは、そういうところにスポットを当てることが大切になると考えています。一般市民には、水に落ちたらまず呼吸を維持することを学び、次に体温を維持することを学び、その後で脱出することを学ぶというステップに沿った指導をするように水難学会で研究しています。

（齋藤）ところで、最近は地球温暖化の影響もあり、豪雨災害の原因となる線状降水帯や台風の風水害など、津波だけでなくて水と人間がどう折り合いをつけていくのかが重要な問題になると思いますが、どのように考えますか。

（淳）そうですね。水の災害とどのようにつき合うのかという基本に戻った気がしますね。

（志摩子）実際に学校の先生方からは、とっさのときに着衣泳はできないでしょうと言われるんです。そのときは、実際に子どもが着衣泳で助かったという事実は、少しでも助かる確率が上がることを意味するので実践すべきだと伝えています。そう考えていくと、野蒜小学校で着衣泳を実践して助かった事実は、着衣泳を指導する者にとっても大きな意義があるのです。

（淳）私たちがこれから伝えていきたいのは、津波だけでなくいろいろな水害に遭ったときに、その人が置かれている状況によって助かる可能性が大きくなる視点だと考えています。その具体的な方法を指導員養成講習会のなかでも実施しています。どのようにしたら人間は行動に移すのかを考えながら、身近な例で実践することがとても大切なんです。水害に対する対処法は国民的な関心事のひとつですから、そのなかで「浮いて待て」という実践的な教えを身につけて、災害時に助かる技術として広めて行こうと考えています。

（齋藤）着衣泳が１００パーセントの救命ではないけれども、可能性を高める手段になるわけですね。それから着衣泳を知ってさえいれば、何の準備がなくても実践できますよね。

　たとえば、野蒜小学校で助かった子は身体の力を抜いたそうです。教えられたことを純粋に信じていたことが命を守ったのではないかと思います。

（淳）そうですね。確かに地元の河北新報でも大きく取り上げられました。身の回りにあった物につかまったと書かれていましたが、大切なことはバランスをとるということなんです。これは自転車乗りとよく似ているんですが、身体のバランスを取ると水面と平行になるんです。垂直になったら沈みやすくなるわけです。学校のプールで何回も体験すると身体に刷り込まれていくんですね。

（志摩子）本当にすごいことですよね。普通の人間ならば瞬間的に身体が硬直するのに、力を抜いた状態に保つことができたんですから。着衣泳の授業では、とにかく身体の力を抜くことがコツだからと教えているんですよ。力を抜いて肺に空気をいっぱい溜（た）めることが大切だと教えます。

（淳）体育館のステージ上から母親が自分の名前を呼んだときに、大きく返事をしたら空気が抜けて沈んでしまうと思ったので、1回だけ「はい」と返事をしたというのです。こういうことを考えると、正しい生き残り方を教える側の責任は本当に重いと感じました。

（齋藤）やはり、生きようとする意志がそういう行動をとらせたのだと思います。着衣泳の教えの根底にあるのは、生きるために何が大事かを伝えようとする大人の姿勢だと思います。この指導者の教えを信じていれば必ず命は助かるという人間関係は、親子に近いものさえ感じます。

話は変わりますが、津波が侵入して来たときの野蒜小学校の体育館には、後に石巻西高校に入学してくる小学生もいました。その子は体育館のギャラリーに上がったときに、少しでも高い所に行こうとして着衣泳のことを思い出したと言ってました。これは、ステージ上で着衣泳をした子どもと同様に、その子の身体に刷り込まれたものが確実にあったと、私は思っています。そういう意味では、「浮いて待て」は命を守るための防衛本能とも言えるのではないでしょうか。

（淳）私たちの仲間の水難救助隊員の話として聞いて欲しいんですが、いろんな事情があって入水自殺で命を絶とうとする人の通報を受けて救助隊が現地に行くわけです。そうすると、究極の場面で生き残ろうとするときは、「浮いて待て」の背浮きの姿勢しかないんですよ。着衣泳を習ったことのない人までが、背浮きの形で水面に浮いているそうです。だからこそ、1回でも着衣泳を体験させることは、私たちの責務だと思っているんですよ。

（齋藤）「背浮き」というのは仰向け（あおむけ）で浮いてる状態ですよね。

（淳）救助隊が現場に行ったときに、自殺しようとして入水したので沈んでいるだろうと思っていたら浮いていたと言います。今の時代は自然災害に遭遇するケースがとても多いので、自分を守る防災の技術のひとつとして、「背浮き」のことを知っていればいいと考えています。

（齋藤）やはり仰向けに浮くというのは本能に近いんですね。私は離島で少年時代を過ごしたものですから、海で遭難した人を島の人たちが協力して捜索に行ったりすることがありました。亡くなった人は最初は水に沈むけれども、しばらく経つとまた浮いてきて、それからまた体内のガスが抜けて沈んでいくと聞いた記憶があります。その間に早く見つけてあげないと、遺体を発見するのが困難になるという話を今でも覚えています。

（淳）その通りなんです。救助に関わる人たちの教本にも今のことが書いてあります。現実に離島や沿岸部に伝わっている話というのは、生活のなかで言い伝えられてきた事実に基づいているんです。

（志摩子）ときどき、服を着て水に落ちたら泳ぎづらくなるからダメだと指導しているという話を聞くことがありますが、その時点で服を着て水に落ちたらそれで終わりだと刷り込まれてしまうんですよ。そうではなくて、力を抜けば浮くんだとわかってさえいれば助かる可能性は高くなるんです。

たとえば、水を飲んでしまって肺に入ったときに、ゲホゲホとなって助からないと思い込んでしまうのは慌てるからなんです。そうではなくて「背浮き」という最強のアイテムを持っていると思えば大丈夫なんです。着衣泳を指導するときには、最初の教えがすごく大切なんですね。

(淳)服を着て水に落ちたら終わりだという考え方をどうやって打破するかが大切なんです。これまでは自分で自分の命を守らなければ、人がすぐに助けに来るのは難しいと思われがちでした。しかし、現代ではいろいろな情報手段も発達しているので、浮いて待つことさえできれば助かる確率はかなり高くなるんです。ですから、私たちの役割や指導のポイントは、「浮いて待て」を確実に体得させることになります。今まではこの視点があまりできていなかったんですね。

(志摩子)今までの教えだと、がんばって泳ぐしかなかったんです。

(淳)でも、泳ぐ体勢は水に立つ姿勢にもなるために危険度が高かったし、かなりの体力も必要です。ところが、幼稚園児から高齢者まで水に落ちても空気を吸って背浮きになってバランスを取っていれば、助けが来るまで時間をかせげるんです。

(齋藤)最近の水害では、河川の氾濫によって流されたとか、町全体がプールのようになってしまったとか聞きますが、そういうときの着衣泳はどうなのでしょうか。

(淳)そうですね。東日本大震災の体験談を読むといろいろな手記が書いてあります。実は、水の中でもっとも危険なのは、呼吸ができない状態に陥ることなんです。これを防ぐには「浮く」という動作が必要なんです。次に危険なのは「低体温」です。低体温になると筋肉が硬直して動かなくなり、着衣泳で学んだことが生かされなくなるんです。その場合には、川岸や近くにあるものにつかまって這(は)い上がるんです。そうすると人間は恒温動物ですから、早く太陽の光を受けるなり、熱損失を防ぐことに集中するようになります。こういうことを順を追って訓練することが大切です。

（志摩子）どうしても逃げざるを得ない場合は、浮く物をリュックの前に抱えて枝や杖などを持って、側溝などに落ちないように足もとを探りながら逃げるように指導します。もしも、側溝などにはまったとしても、身体を浮かせながら助けを待つか、何かつかまれるものがあるところまで移動します。そして、なるべく早く這い上がるまでを体験する水難学会のコースもあります。

（淳）タイやカンボジアなどのアジアの国々に行ってみると、日本は恵まれすぎていると感じますね。アジアの国々では、プールで着衣泳を練習する環境はほとんどないです。池とか沼に竹を刺してロープを張って着衣泳の練習をしています。まして水着なんか着てないですよ。私が現地に行ったときには、日本から着衣泳のインストラクターが来たということで、学校だけでなく地元の人たちもみんな一緒に参加したり、バスを連ねて見学しに来るんです。それで川に入って「浮いて待て」ができたときには、自分が実践してきたことが間違いないと確信しました。

（齋藤）これまで海外でどれくらい着衣泳の指導をなさったのですか。そのときの様子をもう少し詳しく教えてください。

スリランカの子どもたちの着衣泳

（淳）記録はすべて保存してありますが、タイ、インドネシア、マレーシア、スリランカ、それからフィリピンなどですね。アジアの国々では、過酷な状況で子どもたちが亡くなるという事実があります。日本の学校は1校にひとつのプールがあって水泳教育が進んでいると感じましたが、いわゆるサバイバル教育についてはオランダのように実践する必要があると思います。

（齋藤）オランダの教育について具体的に教えてください。

（淳）オランダでは「ディプロマ」という資格認定制度があり、さまざまなプログラムが組まれています。オランダは低地の国なので河川も多いし、そこに落ちたときにどのようにして助かるのか検定を受けていくようになっています。オランダでは経済面だけでなく安全を守る体制が充実しているんです。水害が多発する日本も次第にそういう体制になっていくと思います。

（齋藤）しかし、学校運営においてはプールの維持管理が大変です。最近では塩素アレルギーやアトピー性皮膚炎などでプールに入れない子どもたちが多くなっていますし、いろいろな事情でプールに入りたがらない子どもがいます。日本の子どもたちの自助の力が低下している一方で、環境的に恵まれないアジア諸国の子どもたちの自助の力が強くなっているのでしょうか。

（淳）ある学校の火災訓練に参加してみたんですが、そこの教官が「最近の学生は自分の家で薪を使って火をおこすこともないし、オール電化で便利な生活を送ってきたので熱いという経験が無い」と話していました。10センチメートル以上になる高い炎を見たことがない若者に対して、火災訓練をやってどれだけの意味があるのだろうかと感じたそうです。このようなことはどこの教育現場にも当てはまると思うんです。つまり、身体で覚えない限り役に立たないということです。水のなかに入って浮いて待てば水の冷たさはわかるんですが、熱さを体験していない子どもたちには、炎の熱さのリアル感がなかなか伝わらないです。そう考えてみると、今の避難訓練が形骸化するのは当然なのです。訓練で大事なのは少しでもリアルな体験を取り入れながら、防災意識のギアを一段あげる仕掛けが必要なんです。

（齋藤）学校現場でも自然や地域との関わりの大切さが見直されてきています。かつて、志摩子さんには石巻西高校の体験型防災学習のときに何度か来てもらいました。総合的な視点から学校全体で防災行事を実施することをどのように思いますか。

（志摩子）被災地のど真ん中の高校で、真正面から災害のことを見つめ直す機会が与えられている生徒たちは素晴らしいなと思いました。そして、私の話を聞いて自分たちもこんなふうに語り継いでいこうと思ってくれたのが何よりもうれしかったです。結果的には、それが心のケアにも影響してくるんですよ。

（齋藤）生徒同士の防災交流などを通して何名かの語り部が育ってきた結果、学校ではお互いが支え合う雰囲気が生まれて一歩前に踏みだそうとする気持ちが高まりました。そうしますと、安倍さんご夫妻と若者が語り継ぐのとでは、少し意味合いが異なってきますね。

（淳）自分と向き合うことは、自分の記憶を整理しながら人のために何かをする意味を見つけているんですよね。それが結局は自分に返ってくるのを感じていると思いますね。

（志摩子）寄り添ってくれる人と出会うことで、心に押し込めてきた思いを少しずつ話せるようになるのだと思いますね。かつて読んだ『夜と霧』の作者で精神科医のヴィクトール・フランクルの言葉にあるように、自分のためだったら生きていけないかもしれないけれど、どこかで誰かの役に立てると気づいたときには、役割や使命を感じて生きていけるのだと思います。最近になって思うんですが、東日本大震災後に若者たちが語る土壌ができたような気がします。

（齋藤）確かに、ヴィクトール・フランクルの言葉を借りれば、絶望的な境遇に置かれてもユーモアと希望を失わなければ生きられる。自分を必要としてくれる人がいれば悲しみと向き合うことができると、これまで出会った語り部たちからも教えられました。ですから、語り部の子どもたちが安心して語れる「場」をつくってあげることが、私たち大人の責務だと考えています。

最後になりますが、これだけは伝えておきたいということがあればお話しください。

（淳）今まで話してきたのは、「浮いて待て」とか「背浮き」といった技術的な側面が中心でした。やはり、歴史的に見ても大きな災害があるたびに偏見や差別が起きていました。それによって多くの人が傷ついたり亡くなったりするという事実を伝えていく視点も大切です。それを「災害学」とか「防災学」としてとらえ直す必要がありますね。

（齋藤）これからは「災害社会学」の研究分野がますます重要になりますね。

（志摩子）月並みですけれども、災害は本当にあなたの身にも起こるんだよという現実感をいつも心にとどめておいてほしいですね。私が防災の話をするときにはふたつの視点があります。「私の過ち」というタイトルと「諦めない」というタイトルです。「私の過ち」については、今日の話し合いでふれてきたことです。

あるとき、浜松での講演で呼ばれたときに、数分で津波が来るところに住んでいる地域の方々に対して、いったい何を話せばいいんだろうかと悩んだときに「諦めない」という言葉が思い浮かんだんです。そのときから、着衣泳の話をするときには、「必ず助けが来ることを信じてほしい。命は必ず助かるんだ」と、最後の最後まで「諦めないで」と伝えることに決めたんです。

（齋藤）今日は貴重なお話を聞かせていただき本当にありがとうございました。

6　日本一のまちづくり
――小野竹一さん

小野竹一さんは、東松島市の復興住宅「あおい地区」の自治会長である。震災後に仮設住宅から集団移転してきた人たちは、「日本一のまちづくり」をめざしてきた。小野さんは自治会長として、多くの人たちから信頼を寄せられている。いつか時間をかけて「日本一のまちづくり」の話を聞こうと思っているうちに震災から7年以上も経過した。２０１８年11月、小野竹一さんと語り合うことができた。

（齋藤）お久しぶりです。今日は「日本一のまちづくり」についての話をうかがいますのでよろしくお願いします。まず最初に「あおい住宅」の名前の由来から教えてください。

（小野）もともとこの場所は田んぼでしたので、そのときの地名はありました。でも、まちづくり協議会のなかでは、カエルとザリガニの住んでいた住所で自分たちの住所を決めてほしくないというのが皆さんの意見でした。

そこで団地の名前を自分たちで決めて、それを住所表記にしてほしいと東松島市役所に要望したところ、名前をどうやって決めるかということになったので、名称選考委員会を立ち上げました。そして、全国に呼びかけて団地の名前を募集するところから始めた結果、約３００通の応募がありました。そのまま住民に示してもどれを選んだらいいのか困るだろうと思って、名称選考委員会に諮りました。委員会のメンバーには中学生や高校生も入り、10個まで絞り込んで住民に提示することになりました。１世帯１票になるのが通常ですが、ここに住む予定の５８０世帯、１８００人に投票権があることを大切にしたんです。１世帯につき１票にすると、どうしてもその家長が決めることになりがちです。私は70歳ですが、私が決めて私の考え通りになったら、日本人の男性の平均寿命が80歳ですから、あと10年しか使えないわけです。もしも、今の中学生や高校生が選んだ名前になったら、親しみと誇りを感じながら何十年も使えるし、小学校１年生ならもっと長く使えるわけです。

そこで１人１票制度にしたんです。この方法ですすめたら、ひらがなの「あおい」が最も多かったんです。「あおい」を応募してくれた全国の方の思いは、東松島にある航空自衛隊のブルーインパルスのイメージと透き通った青空、そして碧い海と子どもの日に向けて全国から届けられた「青い鯉のぼり」が空を舞うイメージが重なったのではないかと思います。青の色は希望にもつながると感じた

自分たちで決めた団地の名前

人たちが多かったんです。最終的には議会の承認を得て「あおい」という団地名が誕生したわけです。

（齋藤）復興住宅に「あおい」の名前がついたと聞いたときは感動しました。それは震災当時に石巻西高校の2年生だった伊藤健人君が立ち上げた「青い鯉のぼりプロジェクト」にかける思いと重なったからです。若者たちの願いと新しいまちづくりへの思いが、多くの人たちの心を動かしたのだと思っています。

次に、あおい住宅の特色についてうかがいますが、まちづくりのルールについて教えてください。

（小野）まちづくり協議会のメンバーを6名程度の小グループに分けて8つの専門部会を編成し、そこでまとまったものを行政に届けることにしました。8つの専門部会とは、公共施設計画検討部会、区画決定ルール検討部会、街並み検討部会、広報部会、研修・イベント部会、災害公営住宅部会、コミュニティ推進部会、あおいペットクラブです。行政主導で公共施設を作ると、ここにある4つの公園が同じ目的と機能になるわけです。私たちは、4ヶ所の公園を春夏秋冬の季節感があふれるもの、使用する目的もまったく異なるものしてはどうかと考えたんです。春の公園としては、遊具をまったく設置しないで、みんなで集まってお祭りやイベントをするものにしよう。秋の公園としては、スポーツの秋にちなんで健康づくりのための公園とし、日本で最も多い数の健康遊具を設置しよう。夏の公園としては、子どもたちが元気に遊べる場所として、夏椿を植えて子どもたちの遊具を取りつけよう。冬の公園としては、仙石線の東矢本駅が無人駅なので、そこにケヤキの木を植えて仙台の光のページェントのようにイルミネーションが点くようにしようと、みんなの声を行政に届けながら少しずつ実現していきました。

（齋藤）今、小野さんと私が話している西集会所は、春の公園の一角ですよね。初めて来た人が見渡すと何もない公園に見えますが、お祭りやイベントを開催するとしたら最適の場所になりますね。だから、この春の公園でねぶた祭りとか、ギネスに挑戦する海苔巻きづくりなどを開催してきたわけですね。

（小野）やはり最も大きくて広いところは、みんなが集えるようにしたかったんです。あおい地区は、580世帯をひとつの自治会として考えるのではなくて、200世帯くらいを基本にした方がいいだろうと、1丁目から3丁目までの3つの自治会に分けたんです。それでも、住民たちはあおい団地に暮らす仲間なんだから、ひとつの自治会にしたいという意見が多かったんです。集会所にしても1丁目を西集会所と名づけ、3丁目を東集会所と名づけました。東集会所は趣味の教室を開催できる小さい部屋を多くつくりました。西集会所はお祭り広場などを併設しているので、ホールを広くとって室内でもイベントができるようにしました。

（齋藤）確かにこのホールにはイベントの写真がたくさん貼られていて、それを励みに頑張っている姿が目に浮かびますね。ところで、西集会所の研修室は、毎年のように防災研修で訪れる兵庫県や三重県の中高生をはじめとして、全国からの若者たちの活動場所や宿泊場所としても活用されていますが、ここにも新しいまちづくりの姿勢が反映されていますね。

（小野）ここを訪れる子どもたちには、実際にたくさんの学びを体験していくことで、自分たちが住んでいる地域のリーダーとなる力を身につける場所であってほしいと考えています。災害大国で生きる者の備えのひとつとして、被災した私たちが次の世代に残せるのは人材だと思うんですね。この集会場を使うことで人材育成の役割が果たせるのであれば、大いに活用してほしいですね。

（齋藤）県外から訪れる子どもたちは移動時間が長くて、現地での活動や交流の時間が充分に確保できないんですよね。宿泊しながらの研修でないと内容が薄くなってしまうんです。

あおい住宅の人たちと交流するにしても、一緒に食事をしながら行うとなれば、限られた時間を有効に活用しなければならないわけです。

ところで、秋の公園は運動器具の数にも思い入れがあるそうですが、どういう点ですか。

（小野）まちづくり協議会を立ち上げたときは、あおい地区を日本一のまちにするのが願いだったわけですし、地域住民にもそのことを伝えながら意見を聞いてきたわけです。日本一のまちをつくるための私の思いが3つあります。

1つめは、20年後や30年後まで生きる子どもたちのためにも日本一のまちにしたい。

2つめは、震災で亡くなった方の魂が帰ってくるふるさとが、日本一のまちであるようにしたい。

3つめは、全国から支援に駆けつけてくれた人たちへの感謝の意味で日本一のまちにしたい。

その思いが、秋の公園の健康遊具の数に込められることになったわけです。当時は健康器具の数が16個というのが日本一だったので、スポンサーに相談して20個の器具を設置することにしたんです。

（齋藤）秋の公園に併設してたくさんのソーラーパネルがありますが、あれが設置された経緯を教えてください。

（小野）初めにまちづくり整備協議会で検討したときは、そこに避難タワーを作れないかという提案がなされました。ところが、国からの助成金は土地を整備するだけで、避難タワーを作るだけの予算はないと行政から言われたんです。そういうときに、東松島市内の企業がソーラーパネルを設置したいと申し出てきたんです。その結果、借地料は行政に支払われますが、災害があって停電になったときは、あおい地区のために使わせてほしいとなったんです。集会所を中心として使用できる協定を結んだので、あおい地区は停電の起きない団地として成り立っていけるようになりました。

（齋藤）北海道で胆振東部地震が起きたときに、北海道全体にブラックアウト現象が発生したことで、現代の日本社会が抱える大きな課題が浮き彫りにされたと思いました。そのときに、あおい住宅の秋の公園のソーラーパネルのことをふと思い出したんです。もしも停電になった場合はどれくらいの電力量が供給されるのですか。

（小野）ソーラーパネルをつける調整器が2ヶ所ありますので、その2ヶ所からの供給量で3つの集会所が24時間対応できるので、だいたい1週間位は大丈夫です。家庭用として全世帯に配るのは不可能ですが、集会所に灯りが点いてさえいれば停電期間中でもいろんな対応ができるわけです。

（齋藤）これからの防災のあり方を考えるときのヒントになりますね。次に、住宅を建設するときのルールについて教えてください。道路幅や塀の高さまで工夫してあると聞いていますが。

（小野）街並み検討部会を立ち上げたんですが、30代の方に部会長になってもらいました。その方には、あなたの子どもや孫たちから本当にいい街だよと言われるように準備を進めてくださいとお願いしました。本当は自分の好きなように家を建てたいのが本音だと思います。ただ、街並み全体のルールがないと景観が素晴らしい街にはならないわけです。それと住みやすい街になるためには、隣近所とトラブルが起きない建て方が必ずあると考えました。

たとえば、今の建築基準法によると、隣地との境界線から50センチメートル離せばいいことになっていますが、もしも大雪が降ったら屋根に積もった雪が隣の家の敷地に落ちてしまいます。そんなことでトラブルを起こしたくないので、境界を1.5メートル離せば大丈夫だろうと考えたわけです。それから、交通事故が起きないように、またブロック塀の倒壊で下敷きにならないようにするために、向こう側が透けて見える1.2メートルまでのフェンスで高さを統一するようにしました。さらに、道路から1メートル以内には植栽を心がけて、緑のある街並みの景観が

健康遊具数で日本一の秋の公園

生まれるようにしようとルール化していきました。

最終的には、市の条例に則った建て方しかできないことになったので、景観が変わらない街として継続していけると考えています。

（齋藤）確かに、条例化されなければ世代交代を繰り返していくうちに、ルールを守らない人も出てくるだろうし、そうなれば街の景観も自ずと変わってしまうことになりますね。以前にこの住宅を案内していただいたときに、マンションと戸建ての建物がありましたが、実際はどのような方が住んでいるのですか。

（小野）やはり、高齢化率がどこでも大きな問題になっています。東松島全体の高齢化率は27パーセントなんですが、あおい地区はすでに37パーセントになっています。３０７世帯の災害公営住宅だけで見ると、すでに40パーセントを超えています。５階建ての集合住宅には77世帯が住んでいるんですが、ひとり暮らしの方は71パーセントにもなります。ですから、その方たちを支えていく取り組みが課題になります。

（齋藤）ところで、現代はペット社会と言われるほどのペットブームですが、あおいペットクラブの取り組みについて教えてください。

（小野）震災で助かったペットがたくさんいましたが、津波が襲ってきたときにペットを助けるために自宅に戻って亡くなった方もいたんです。ペットと一緒に暮らしている方が災害公営住宅に入居するときは、ペットを飼うことを認められない条例が行政にあるわけです。どうにかして行政を説得をするために考えついたのが、あおいペットクラブの立ち上げでした。その条件として、ペットを飼うマナーやしつけを責任を持って行うように話し合ったわけです。

たとえば、道路のゴミ拾いだったり、公園の清掃だったり、子どもたちが学校から帰ってくる時間帯に散歩しながら、安全パトロールをしたりすることにしました。イベントを開催するときは、子どもたちが小動物と触れ合える企画も考えるので、住民の意向を認めてほしいと行政に相談したんです。つまり、あおい地区の住民にも充分に受け入れられるクラブとして位置づけたんです。今では月1回ですが、道路の清掃とゴミ拾いを行っています。これは地元警察の地域課にも協力をもらっています。

（齋藤）実際に「住みよさランキング」（東洋経済新報社）では、3年連続で快適度日本一になりましたが、そのことについてお話しください。

（小野）快適度が日本一というのは、その地域で生活する住民の感情や満足度を第三者が評価するものです。私が考えている日本一のまちづくりというのは、第三者から評価されるのではなくて、ここに住んでいる人たちが日本一だと感じることが、本当の日本一だと思います。

先日、日本を訪問したブータン国王と妃が帰国するときに、「ブータンはとても貧しい国ですが、国民は世界一幸せな国に住んでいると思っています」と、自信を持って話していました。これと同じなんです。あおい地区に住んでいる高齢者の方々がこの世を去るときに、この街に住んで幸せだったなと思ってくれたときに、日本一のまちづくりが実現したと言えるんです。

7　知る権利の代行者
――武内宏之さん

大きな災害が起きると、信頼できる情報がある一方で、人心を惑わすようなデマや風評も多くなる。最近になって表面化している災害時の人権問題は、先の見えない不安社会と情報技術の負の側面を象徴しているとも言える。

2020年7月、石巻日日新聞社の元常務の武内宏之さんから、災害時における情報のあり方についてうかがうことにした。

（齋藤）東日本大震災のとき、石巻日日新聞が作成した壁新聞が、国内だけでなく世界中で話題になりましたが、壁新聞発行までの経緯を教えてください。

（武内）私が勤めていた石巻日日新聞は、地元中心のローカル新聞です。発行エリアのほとんどが沿岸部で、その地域は津波の影響で大きなダメージを受けました。石巻日日新聞も会社の輪転機が水没し、電気もなくパソコンも使えない状況で、どのように情報発信すればいいのかミーティングを行いました。

石巻日日新聞は大正元年創刊ですから、2011年でちょうど99年目を迎えていました。そのときにフッと浮かんだのが、戦時中の言論統制が厳しいときに、わら半紙に鉛筆で記事を書いて地域に配っていた先人たちのことでした。ペンと紙さえあれば伝えることができるはずだという先人たちの思いが、壁新聞の作成につながっていきました。

（齋藤）災害という追い詰められた状況下だからこそ、情報の本質に気づいたとも言えますか。

（武内）当然ありますね。地震直後は会社もその周辺も悲惨な状況で、取材用の車もすべて使えなくなり、歩くにしても限られた範囲しか情報収集に行けませんでした。そこで、手書きの壁新聞を持って高台にある避難所まで届けて読んでもらうことにしました。そのときに、最も大事にしたのが家族に関する情報です。情報の力が地域に暮らす住民の不安を解消するものだとあらためて実感しました。

（齋藤）私も石巻西高校で44日間の避難所運営をしましたが、確かに正確な情報を求める避難者が多かったです。正確な情報がないと、根拠のないうわさやデマが流れたりして不安になりましたね。

（武内）行政や警察の発表で被害状況が次々に明らかになるなかで、初めはその情報を避難所に貼り

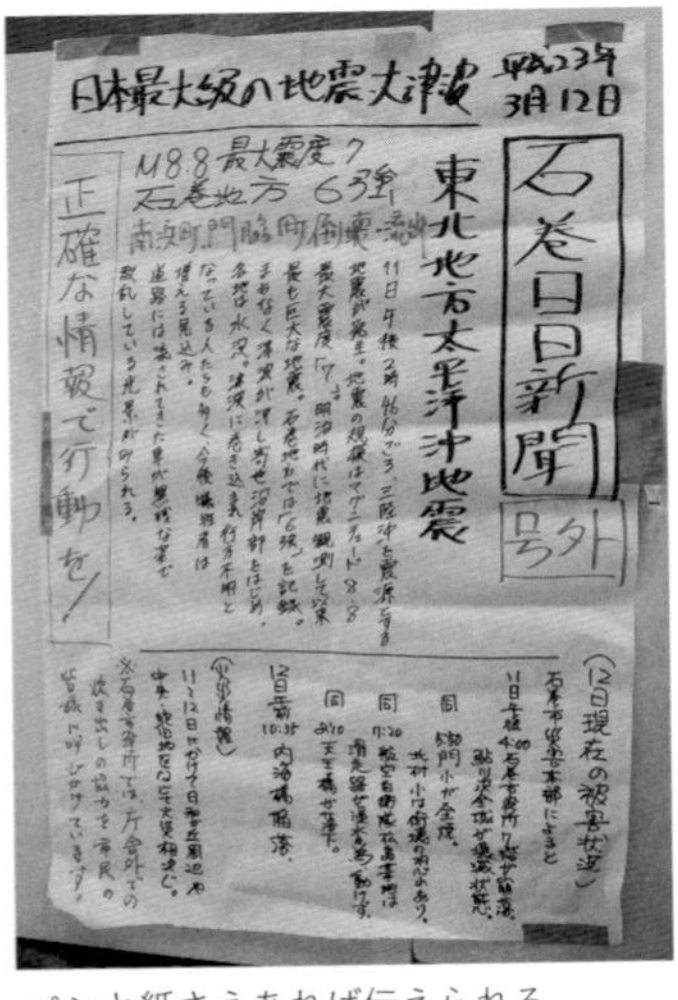

ペンと紙さえあれば伝えられる

出したものですから、家族の安否がわからないで記事を読んだら心が潰れてしまうと考えました。
３日目からは、自衛隊やボランティアの活動や物資の支援状況など、明日の生活につながる記事を中心に書くことにしました。その結果、その記事を読むとすごく希望が持てるとか、がんばろうという声が寄せられたことが最もうれしかったですね。

（齋藤）希望につながる情報に変えたのは、自らも被災体験をしているからこそできた判断だと思います。ここで、情報の持つ負の側面についてお話しいただけますか。

（武内）明治三陸大津波や昭和三陸大津波の記録のなかに、いずれも災害発生時にはデマが飛んだという記事が、災害史に載っていたのを思い出しました。デマが飛んだ状態のまま次の行動を起こされたら大変な事態になるだろうと心配して、３月12日と13日の壁新聞の左上に「正確な情報で行動を」と、赤い文字でメッセージを書きました。

（齋藤）過去の災害の歴史から学んだことが生きたわけですね。正確な情報が伝わらなくなると冷静になって考える余裕がなくなり、さまざまなトラブルが発生することにもなりかねないです。

（武内）震災が発生した当時、石巻には２つの地元紙がありました。私が勤めている石巻日日新聞と石巻かほくです。他にはラジオ石巻という地域コミュニティＦＭラジオがあります。活字と電波と３つのメディアがあったことで、災害時に果たした役割はすごく大きかったと思います。ですから、避難所という閉鎖的な空間で誰かが言った言葉が蔓延したときには、まず真偽を疑うように伝えます。そして、確認の取れた情報だけを壁新聞に掲載しました。

（齋藤）震災当時、武内さんが耳にしたうわさやデマについて具体的に教えてください。

（武内）たとえば、石巻市の渡波（わたのは）地区が壊滅的な被害を受けて誰一人として生存者がいないとか、東松島市の野蒜海岸に数百体の遺体が打ち上げられたうわさが流れていました。

（齋藤）コンビニなどが壊されたり、家財道具を盗まれたという情報はなかったですか。

（武内）ありました。現に石巻日日新聞の向かい側にコンビニがあるんですが、夜中に数名の男性が侵入しようとしていたので、私たちが追い払いました。それから、家の1階は津波で破壊されたが、2階に残っていた家財道具を盗まれたという届け出がいっぱいありました。

（齋藤）外国人に対するデマや偏見、さらに差別に近いようなことがありましたか。

（武内）ありました。津波で亡くなった方の指輪を外国人が盗んだとか、沿岸部では警察官が殺されたというデマですね。不安が不安を呼んでひとつの話ができあがって犯人捜しをしてましたね。

（齋藤）日本に限らず、災害が発生したときは何度も同じことが繰り返されてきたと思います。そうしますと、防災対策においては人災も合わせて考えなければならないですね。

（武内）そうですね。耳に入ってきたことは、まず疑えとあらためて言っておきたいです。災害時には報道関係や防災無線から流れてくる情報の真偽を見分ける力がとても重要です。私たちは千年に一度と言われる東日本大震災を体験しましたが、実際は百年に一度でも、十年に一度でもなく、豪雨災害や台風被害を毎年のように体験しているわけです。

（齋藤）武内さんは活字を媒体に情報を伝える仕事をしてきましたが、テレビ映像は多くの国に同時に伝わりますよね。テレビで情報を伝えるときに、視聴者が不安を煽(あお)られるような論調になるときがありますが、どう思われますか。

（武内）新聞記事の見出しがそうですね。どうしてもセンセーショナルに扱うことが常です。扱わなければ新聞が売れないという経済効果に影響を及ぼします。背景にあるのは経済優先の考え方です。石巻日日新聞の発行部数は、震災以前は１７０００部程度でしたが、発行部数はスポンサーに対するアピール効果になります。テレビならば視聴率を上げるための番組構成が最優先にならざるを得ないわけです。

たとえば、ある学生から「私は石巻に行って驚いたことがあります。それは、報道で伝えられてきた石巻と実際に現地を訪れたときのギャップが大きかったことです。それはどうしてですか」と質問されたんです。そこで私は、「報道は社会を見る望遠鏡にしか過ぎない。望遠鏡とは自分の見たいところだけを拡大して見るようにできている」と答えました。

また、大手の新聞記者がこちらに来て取材をするときには、当然のことながら締め切りがあるわけです。２、３日だけ滞在して被災地のことをどこまで書けるかと言ったらかなり厳しいです。そういう場合は、本社でストーリーができあがっていて、私たちは「前原(まえげん)」と言ってます。現地に取材に来る記者は、括弧(かっこ)書きのなかにコメントを埋めることになります。ですから、震災直後に石巻日日新聞に取材に訪れた記者を見ていると、話の筋書きがどうしても誘導尋問のようにならざるを得なくなるわけです。そういうときには、担当記者に向かって「本社ではストーリーができあがっているのだろう。せっかく被災地に来たのだから自分の目で被災地の本当の姿を見ていきなさい」と伝えます。自分の目で確かめてみると括弧書きには収まらないたくさんの真実があるわけです。

（齋藤）そうしますと、報道は全体像ではなくて部分を切り出すことになるので、センセーショナルな伝え方にならざるを得ないということを読者や視聴者は知っておくべきなんですね。

（武内）そうですね。そういう傾向が特に強いのが週刊誌だと言われています。最初の見出しや1ページ目を見ただけで、つい買って読みたくなるような書き方です。私のように新聞で生きてきた人間として最も気を使うのが見出しですね。

（武内）経済活動よりも人命を優先する考え方は間違ってはいませんが、経済活動をストップしてしまったら自分の仕事にも深刻な影響が出るわけです。その結果、家族を守るための生活も追いつめられることにつながります。

（齋藤）大きな災害が発生して感染症の流行も重なってしまうと、心の問題や孤独死の問題だけでなく、経済活動が追いつめられて自ら命を絶つという社会問題にもなりかねないですね。

（武内）震災のときに他社からインタビューを受けたことがありました。震災直後の混乱期でしたが、今、必要なものは何ですかと聞かれたものですから、「同情するなら仕事をくれ」と、思わず言ってしまったんですよ。今となっては反省するところでもありますが。

（齋藤）話は変わりますが、2020年7月に九州地方を襲った豪雨災害による被災者が、「数十年に一度の災害だと言われてその情報を信じていたら、今年も災害が起きてしまった」と言ってました。地球温暖化が加速する時代では、これまでの経験則では対応できない事態が発生すると思います。線状降水帯や台風による豪雨災害を考えてみると、毎年やってくることを想定しながら災害に強い国づくりをめざしていかなければならないわけです。これからの時代における情報の役割について、武内さんの考えをお話しください。

（武内）すごく難しいですね。ジャーナリズム論やマスコミ論を専攻している学生が、こちらに来たときに話すことがあります。ジャーナリストの仕事は、確かに真実を伝えるために事実を報告することになるのですが、現代社会ではＳＮＳやらフェイスブックなどであっという間に伝わるわけです。そういう意味では、新聞やテレビや週刊誌はオールドメディアとか旧メディアとも言われています。アメリカ社会では、すでにネットジャーナリズムというジャンルができています。日本の社会でも無視できない時期が来ていると思います。こういう時代背景のなかで、ジャーナリストやマスコミはいかにして正確な情報を摑んでいくかになります。多チャンネルとか多メディア時代と言われますが、同じ話題でも切り口が違うことによって伝わる内容やニュアンスも変わるので、視聴者も読者も迷ってしまうわけです。

言い換えれば、視聴者や読者の情報受容力が問われているとも言えます。情報を受けとめるあなたの責任ですよと、責任転嫁されてしまう状況も生まれてきます。

たとえ話をしますと、ジャーナリストの仕事はラッキョウの皮むきだとも言われます。ラッキヨウの真ん中には芯がありますが、それをジャーナリズムの真実だと考えてみるとわかりやすいです。プロのジャーナリストにとっては、まるでラッキョウの皮を一枚ずつ剥がしていくかのように、真実まで到達できるかが課題になってくるわけです。

（齋藤）「ラッキョウの皮むき」というのは面白い表現ですね。

（武内）子どもの頃にラッキョウの皮を爪楊枝に刺して一枚ずつ剥いていたんですよ。そうしたら母親から「いつまでそんなことやってるの、後片付けができないから早く食べなさい」と叱られてしまい、芯までたどりつく前に飲み込んでしまったことがあります。プロのジャーナリストとは、現地に行って見聞きできない国民の代わりに行動する「知る権利の代行者」としての自覚をどれだけ強く持っているかだと思います。これからの時代は、視聴者や読者と一緒になって社会の真実を見つめていくことが大切になると考えています。情報はジャーナリストだけのものではないのですから。

第2章　震災を語り継ぐ

1 震災がつないだ絆

――兵庫編

環境防災科の使命――兵庫県立舞子高等学校

２０１７年８月、教職員を対象にした避難所運営ワークショップを実施するために舞子高校を訪れた。研修会終了後、谷川彰一校長と環境防災科主任の和田茂先生との対談を通して、これからの舞子高校が進むべき防災教育の方向性についてうかがうことができた。

（齋藤）はじめに、東日本大震災と舞子高校の関わりから教えてください。

（谷川）東日本大震災直後に生徒から募金活動をしたいという声があがり、垂水駅周辺で募金活動を行いました。４月に私が教頭として着任するとすぐに、兵庫県から被災地派遣の要請があり、４月６日から高校生を被災地に連れて行ってほしいということで、バス１台で生徒と教職員が学校を出発しました。ところが、現地での活動を開始した直後に震度６強の地震が発生し、とにかく安全が一番だということで中止の判断をくだして、１日だけ活動して帰ってきた経緯があります。

（齋藤）その当時の私たちは、混乱と不安のなかで避難所運営をしていたので、地域の状況もよくわからず孤立状態でした。ですから、どこから誰が支援に来てくれるのかという情報もまったくわからない状況でした。その後、舞子高校の生徒たちがボランティア活動でこちらに来ることになった経緯を教えてください。

（和田）4月にそちらに行ったメンバーは、生徒18名と教員2名でした。その次は、4月27日から30日にかけて岩手県内の学校を視察してきました。5月になるとクラス単位での活動が可能になり、兵庫県教育委員会の協力もあって4回分のバス代を援助してもらえることになったので、5月からは環境防災科の3年生が1週間、2年生が1週間、1年生が1週間、そして最後の4週目は普通科有志で被災地に行って活動してきました。現地では松島町にある小学校の体育館を借りて活動拠点にしましたが、ほとんどの生徒は初めて被災地を訪れたのと、しかも発災から2ヶ月しか経っていなかったので、すべてにおいて不安だったと思います。学校としてもオリエンテーションと事前指導をしっかり行ってから現地に向かいましたが、被災地がに近づくにつれて景色が変わっていくのを目の当たりにして、生徒たちは次第に無口になっていきました。松島町ではそれほどでもなかったのですが、

「一枚岩」をめざす教師たち

東松島市に入ると風景が一変したので言葉を失いました。車がたくさん流されていたり、家が流されて土台だけになっていたりして、目に映る光景を息を呑んでじっと眺めるしかありませんでした。

（齋藤）こちらにボランティアに来る前と学校に戻ってからの生徒の様子はどのように変わりましたか。

（和田）生活全般において、かなり変わりましたね。宮城から帰ってきた当初は、全員が暗い表情をしていたのを覚えています。疲れているのかなと思って聞いてみたところ、「被災地の人たちはあんなに大変な思いをしているのに、自分たちは家に帰ってきたら暖かい布団があるし、ご飯もお腹一杯食べられるんです。このまま何もしないままで良いのだろうか」と、生徒たちが言うんです。

やはり、言葉では言い表せないショックを受けたのだと思いました。そのときの生徒たちの様子と言葉を今でもずっと覚えていますね。

（齋藤）被災地に来たことで自分の生活を見直したり、物事を深く受けとめるようになったんですね。

（和田）そうですね。今の生活が当たり前ではなく、自分たちがいかに恵まれているかを身に染みて感じたのだと思いますね。

（齋藤）舞子高校の生徒をボランティアに参加させるときの教職員の反応はどうでしたか。

（谷川）教職員の気持ちとしては、安心と安全の担保が一番だったと思います。本当に大丈夫なのかした。

と心配していましたが、県教委の先遣隊に活動拠点を確保をしたもらったことで納得してくれま

また、県内の農業高校や地域の方からも「舞子高校が被災地に行くのなら、この花、この雑巾、このマスク、この楽器を届けてください」という支援物資の依頼がどんどん来たんですね。そういう光景を見ているうちに、舞子高校の役割を自覚し、被災地に行けない地域や学校の代表として行くのだという意識が強くなっていきました。

最終的には、中間考査も実施しないで東北に行きましたが、反対はまったくありませんでした。

（齋藤）学校として環境防災科の果たすべき役割や使命を自覚したのですね。それでは、舞子高校と石巻西高校との関わりについてうかがいます。私のなかでは、ＮＨＫが企画した「シンサイミライ学校」の会場として学校を提供したのが最初だったと記憶しています。

（和田）確かに、ＮＨＫの「シンサイミライ学校」のときが初めてでした。

（齋藤）その後、代々木のオリンピックセンターで全国防災会議を開催するまで、学校としてもいろいろな課題があったと思います。当時、教頭職にあった谷川先生は、全国防災会議を企画・運営する立場だったので、大変な苦労をなさったのではないですか。

（谷川）まず、何をするにしても「ヒト・モノ・カネ」でしたね。ヒトについては、交渉すればどうにか集められますが、モノについては代々木のオリンピックセンターを借りることに決まりました。

やはり、一番の課題はカネでした。世界数ヶ国の子どもたちを日本に招待するときの旅費や全国の中高生を集めるための必要経費を集めるのが最も大変でした。

（齋藤）全国防災会議で石巻西高校が担当したのは、文部科学省に提出する提言書の作成でしたが、あの会議をきっかけに石巻西高校がめざすべき防災教育のイメージができました。また、舞子高校が果たすべき役割も少しずつ変わっていったのではないかと思っています。最近では熊本地震や九州北部豪雨災害などが発生していますし、今後も国内外を問わず大きな災害が発生することが予想されます。そうしますと、環境防災科の目標を少しずつカタチにしながら、人材育成を図っていかなければならないと思いますが、これからの環境防災科のあり方についてお話しいただけますか。

（和田）２００２年に環境防災科が設置された当初は、すべてが手探り状態でした。さらに、定員割れをした年度もあり、環境防災科の存続そのものが危ぶまれたときもありました。また、防災の専門学科の存在が内外に充分に周知されていなかったので、とにかく目の前のことだけをひとつひとつ乗り越えようとして、教職員が必死になって頑張りましたね。

その後、10年ぐらい経ってから中学生からの評判も良くなり、入試の倍率も安定してきました。そして、環境防災科が設置されてから10年目のときに東日本大震災が起きたんです。その年の８月には、環境防災科開設10周年の記念行事を予定していて、東日本大震災の被災地から生徒を招いて震災の教訓を共有しようと考えました。当時から次の10年間をどうしていくのか話し合うなかで、これからは自分たちだけでなくて周りの人材を育成することや防災教育のネットワークを広げていこうと考えて、「防災と言えば舞子」をキャッチフレーズに再スタートすることになりました。

たとえば、兵庫県内の防災ジュニアリーダー育成事業や全国中高生ジュニア防災リーダー合宿などは、そういう流れを受けて実施することになりました。

最初は単年度だけの予定にしたのですが、１年目が淡路島で実施するんだったら、２年目は被災地の宮城県でやりたいなと考えました。宮城県には国立花山青少年自然の家があるから、そこを使えるんじゃないかと。そして、３年目は日本の真ん中でやろう、海外からも呼ぼうと大きなプロジェクトになっていきました。正直言ってこれは無理だろうなと思いましたが、最終的にはどうにか実現にこぎつけたんです。

（齋藤）学校として日本全体を見渡しながら、防災で全国の学校をつなぐ役割を担う方向に拡大していったわけですね。震災が発生した当時は教頭だった谷川先生が、２０１７年４月から舞子高校の校長として赴任なさったわけですが、これからの学校運営の抱負について語っていただければと思います。

（谷川）全国防災会議では、すべてにおいて非常にしんどい思いをしながら、どうにか成功させることができました。実は、そのときに感じたことがあります。舞子高校が日本の学校をつなぐ役割は確かにありますが、それだけでは足りないと考えています。情報を共有しながら共感につなげていくには舞子高校の「思い」を発信することが重要なんです。多くの学校の先生や生徒たちの心に火がつくことで、最大の難関だったカネの問題についても、関係者の思いが実を結ぶようにしなければなりません。そして、共感の根底にあるのが志です。それが多くの人の心を動かすと考えています。

（齋藤）石巻西高校に5年間勤務しましたが、宮城県でも多賀城高校に災害科学科が設置されました。そのとき私は、石巻西高校は舞子高校と多賀城高校をつなぐ役割を果たそうと考えました。多くの学校との防災交流を実施したり、研修会などを開催している学校が宮城県内にあれば、3つの高校がトライアングルの関係になって防災教育の充実に貢献できると思ったからです。

（和田）最近では防災に積極的に取り組んでいる中学校や高校が増えてきました。ただ、そういう学校には核になる先生がいますが、その先生が転勤すると活動が継続されないケースが多いです。

一方、環境防災科は専門学科ですから、学校全体の教育課程の大きな特色として位置づけているわけです。担当の先生が転勤しても環境防災科はあるわけですから、一定の水準を保ちながら志の高い生徒を育てていくことができるわけです。

（齋藤）以前に、和田先生から「チーム舞子」という言葉を聞きましたが、組織として対応することで環境防災科の位置付けを明確にして発展させようと考えていたのですね。

（谷川）防災のフロンティアとして最前線を担うことが、舞子高校の次の10年の課題だと思います。そのためには、いろいろな先進事例に取り組みながら、地道に歩んでいくことが大切です。今回は、南あわじ市と舞子高校の教育協定によって、いろいろなフィールドワークができる互恵的な関係ができました。こういう関係を日頃から構築できるように、舞子高校からさまざまな情報を発信しながら、多くの学校とのパートナーシップを形成することが有効な方法だと考えています。

　そして、次の50年に向けての私なりの思いがあります。今の日本は不信社会だと思っています。何かにつけて説明責任を果たすとか、訴訟問題になるとか、学校の教育活動が非常にやりづらい世の中になっています。こういう時代だからこそ、信頼には信頼で応える人間関係が大切になると思います。そのためには、防災を切り口にした人材育成のための互恵的な取り組みが、大切な火付け役になると確信しています。

（齋藤）防災を切り口にしながら社会の信頼関係を築いていくという考え方は、本当に素晴らしいと思います。舞子高校のますますの発展を願っています。ありがとうございました。

「ひとつ上」のステージへ――阪神・淡路大震災メモリアル行事

　２０２０年１月15日、「阪神・淡路大震災を忘れない～21世紀を担う私たちの使命～」のメモリアル行事の講師として舞子高校を訪れた。この日は、熊本県在住のシンガーソングラター進藤久明さんによる追悼演奏会に続いての講演となった。演題は「生かされて生きる～震災を語り継ぐ～」とし、さまざまな苦難や悲しみを乗り越えて、「ひとつ上」の自分をめざして生き抜いた被災地の子どもたちの歩みを紹介した。

講演の最後に私の石巻西高校退任式でのあいさつ文を読み上げながら、生かされて生きることの感謝と命の意味について伝えることで、私自身も「ひとつ上」のステージに向かうための区切りをつけることができた。

体育館での全体会に続いて各教室でいくつかの分科会が開催され、私は「心のケア〜悲しみと向き合う力〜」のワークショップを担当した。その研修会で使用したのが、石巻西高校で実施した「心とからだの健康アンケート」である。アンケートの項目や分析結果にもとづきながら、「無視」、「傾聴」、「受容」のテーマを設定し、こちらで提示した条件にもとづく話し合いを通して、子どもたちがどのように悲しみと向き合い、一歩ずつ乗り越えることができたかについて考えてもらった。参加者の中には涙を浮かべながら自分の悩みを打ち明けてくれる人もいた。

「無視」、「傾聴」、「受容」のテーマを設定するワークショップは、災害時の心のケアだけでなく、我々の日常生活のすべての場面にもあてはまるので、参加者は自分事として深く受け止めてくれた。

午後は体育館に戻り、避難所運営のワークショップを行ったが、参加人数が200名を超えたことで中高生のワークショップとしてはかなりの規模になった。実際の避難所運営で体験した項目を配布し、私の質問に対する対応策についてグループ毎に話し合い、災害直後の混乱期における避難所運営図を作成して、避難所運営の課題について発表させる形態で実施した。

参加した生徒たちの感想や引率した教員の声を聞いてみると、今までの「公助」頼みの避難所運営に対する考え方が変わったとか、子どもと大人が協力し合う共助型の実践的な対応について学ぶことができたという意見が多かった。この日は、神戸の子どもたちにとっても実践的な学校防災のあり方について学ぶことができたのではないだろうかと自負している。

2　信濃の教育愛にふれる
――長野編

長野県との防災交流は、2012年1月の諏訪市での学校防災講演会までさかのぼる。震災以降、多くの学校が防災交流やボランティア活動で被災地を訪れたが、諏訪市のように教育委員会が子どもたちの交流を支援し続けてくれた例は少ない。諏訪市の子どもたちが東松島市を訪問するときには「虹のかけ橋プロジェクト」として、東松島市の子どもたちが諏訪市を訪問するときには「BOSAIミライ交流 in SUWA」という形態で2018年まで継続された。

命と向きあい・命をつなぐ教育――教育委員会の力

2017年8月、東松島市の小中高生を引率して諏訪市を訪れたが、今回は東松島市の工藤昌明教育長にも参加していただき、諏訪市の小島雅則教育長との対談をお願いした。

（齋藤）今日は教育委員会の力について、おふたりからのご意見をいただきたいと思います。

まず初めに、小島先生からは諏訪市の教員を被災地に派遣した当時の思いをお聞かせください。

（小島）震災が起きてから何にどう関わっていいのかわからないまま、ただ大変なことが起きているんだという思いだけが強くありました。そんな折に、諏訪市の教頭会に被災地の研修に行ってくれないかとお願いし、帰ってきた教頭たちの報告を聞いたことが交流を始めるきっかけになりました。

（齋藤）それでは工藤先生にうかがいます。震災当時、工藤先生は東松島市立矢本東小学校の校長でしたが、震災発生当時の状況について教えてください。

（工藤）あのときは本当に強い地震でしたし、しかも寒い日でしたね。地震を感じたときに校長室の机の下に潜ればよかったのですが、私は職員室に行こうとしたんです。それで校長室を開けたら100メートルくらいの廊下にホコリが舞っている状態で、電気が点滅してバッと消えたんです。急いで職員室に行ったときは、教頭や職員は机の下に身を隠していました。地震の揺れがおさまってから子どもたちを校庭に避難させるように指示しましたが、放送も使えない状態だったので声で伝えるしかなかったです。災害時の指揮命令系統は訓練していましたが、放送設備も使えない状態でやるのは難しかったです。

ただ、子どもたちを校庭に集めたらひとりいないんですよ。学級担任が私のところに来て、「ひとりいません。帰りました」というので、早く追いかけるように指示しましたが、そのときには津波が仙石線の線路の辺りまで到達していたんです。その子どもに何かあったら辞表を書く覚悟をしました。それから間もなくして、10メートルの津波が襲ってくるという情報が入ったので、一度は体育館に避難するように指示を出しましたが、校舎の3階に上るように出し直したんです。校長になって初めて、自分の判断で子どもたちや職員の生死にかかる判断をしなければならないのだと実感しました。

(齋藤) 翌年、工藤先生は東松島市の教育長になられましたが、教育長として東松島市全体の教育を考える立場になってからのことをお話しいただけますか。

(工藤) 校長は自分の学校の問題を中心に考えますが、教育長になると地域全体の学校のことを考えざるを得なくなるので、取り組むべき課題がまるで違ってきましたね。たとえば、学校統合の話になったときは、子どもたちの心のケアや震災の語り継ぎ活動について考える感覚が薄まった気がします。

(齋藤) 小島先生もしばらく経ってから被災地に足を運ばれたんですね。その頃になると復興の状況も目に見えてきたかと思いますが、小島先生がご覧になった被災地の印象をお話しいただけますか。

(小島) 子どもたちを宮城県に送り出した後は、いつも自分が取り残されるような感じがしていました。現地を見ないで語るもどかしさがあったので、どうにか行けてよかったというのが本音です。

(齋藤) 両市の交流を通じて子どもたちの変化を感じた場面はありましたか。

(小島) 確かにありましたね。以前に諏訪市で開催された防災交流のときに、東松島市の子どもたちの様子にとても驚かされたことがありました。たとえば、日常会話の場面では諏訪市の子どもたちと全く変わらないんですね。ところが、霧ヶ峰に行く途中の蓼（たで）の海森林体験学習館で話し合いをしていたときに、自分の意見を求められるとしっかりと話そうとする意識が手に取るように伝わってきたんです。これが被災体験なんだろうなと驚かされましたね。今日の豊田小学校での話し合いのときもそうでした。いざというときにはスイッチが入って震災としっかり向き合えるんですね。

（齋藤）以前に、工藤先生が「東松島市の子どもたちは、外から支援に来てもらうことに慣れてしまった」ということを仰っていましたが、今回の交流会の様子をご覧になっていかがでしたか。

（工藤）小島先生が仰ったことの裏返しですね。教育長になってからいろんな情報が入ってきました。たとえば、支援に来た小中学生が避難所で一生懸命に炊き出しをしてくれたときに、地元の子どもたちは手をつけずに自分が買ってきた菓子パンを食べて帰っていったそうです。私が思うに、被災地を訪れた子どもたちは、支援活動という貴重な経験をすることで人間としてひと回り成長して帰るからではないかと考えました。

また、どこかの中学校の野球部が、夏の日差しの暑い中を草刈りにきて汗を流して帰っていったそうです。そのとき、東松島市の子どもたちはどうしていたかというと、支援物資のお菓子を食べてゲームで遊んでばかりいて、草刈りをしている子どもたちに気持ちを向けていなかったそうです。何かが間違っているのではないかという不安感が湧いてきて、これでいいのかなとずっと考えていました。そういう意味では、東松島市の子どもたちが地域の外に出かけてきて自分の考えを伝える立場になることで、伝えようとする意識が高まり人間として成長させられるのだと気づきました。

（齋藤）石巻西高校の場合は、震災のことを自分からは話さないし、周りも聞いてはいけないという雰囲気があって、表面的には普通の生活を送っているように見えました。だから校外に連れて行って震災体験を話させて大丈夫だろうかと迷いましたが、しっかりと自分の気持ちを聴いてくれる「場」を与えてあげると、「やっと話せて気持ちが楽になった」と、泣きながらもどこかで安心した表情を見せてくれました。それが小島先生が仰ったスイッチが入るということなのだと思います。諏訪市の子どもたちが東松島市に来たときも同じように表情が変わりました。

（小島）確かに、実際に防災交流会に参加した子どもたちの意識は変わりましたね。実際に子どもたちを引率した豊田小学校の林臣彰校長が同席しているので聞いてみてください。

（林）私の場合は、前任校長の意思を受け継いで引率したのですが、参加する子どもたちにどんな指導をすべきかと考えて、土曜日の午前中に3回くらい事前研修を行いました。1回目のときにどんな歌がいいかと投げかけたら、2回目のときには「ひまわりの約束」の曲を持ってきました。子どもたちは歌でつながろうとしたんですね。この歌がお互いをつなぐテーマ曲だと思いました。そして、実際に現地で交流会をしたときに、諏訪の子どもたちが変化する様子を見たのを今でも覚えています。どんな態度で話したり聞いたりするのかと心配していたんですが、それは杞憂（きゆう）に終わりました。日常の生活感覚で素直な気持ちで話し合っている姿を見ているうちに、自然と涙が流れてきました。交流会で「ひまわりの約束」を歌ったときには、自然に手をつないで輪になっていく姿を見ながら、その場にいなければわからない感動を味わうことができました。そのときの体験が子どもたちの心を揺さぶったことで、諏訪に帰ってきてからのいろいろな行動につながったと考えています。

（小島）今回の交流会でもそうなんですが、高校生や大学生が発信する言葉に対して、小中学生が身を正していく場面がありました。考えてみれば、こういう異年齢集団での活動が少なくなりましたが、両市の交流会には人間を育てるプラットフォーム（何かを動かすための土台となる環境）があると思います。高校生や大学生が温かくリードしてくれる環境のなかで、小中学生は安心して伸びていくんですね。

（齋藤）確かに、市町村立の小中学校と県立学校の間には制度の壁のようなものがあるので、一緒に活動するのは難しいと思いますが、東松島市が宮城県が提唱する志教育の地区指定を受けたこともあり、小中学校や高等学校の教員が顔の見える関係を築けたのが大きかったですね。両市の交流会のきっかけをつくってくれたのが、私の大学時代の同級生で諏訪市教育委員会の髙見俊樹教育次長でした。教育委員会が後援になってくれたことで、保護者に対する説得力も生まれました。

（工藤）教育委員会の管轄は小中学校までです。高校は県の教育委員会ですし、大学になると関係がなくなりますよね。そうしますと、それらの課題を克服するためにはつなぐ人が必要になります。小島先生からお話しになった異年齢集団も非常に意義があると考えています。

（小島）教育行政ですからどうしても限界はあると思います。とりわけ、予算については課題がありますが、子どもたちの伸びるところは大事にしたいので教育長が訴えていくしかないですね。

（齋藤）やはり、両市の教育委員会がここまで後押しをしてくれたからこそ、これだけ長い期間にわたって継続できたのだと思います。教育長が動くことの重さを実感しています。

次に、これからの子どもたちが身につけるべき「生きる力」についてお話をうかがいます。

（工藤）防災教育は限定されるものではなく、常に社会や人との関わりのなかで成り立つものだと理解しておくべきです。行政の立場からだけで防災を考えてみても、まず自助がしっかりできないとだめですよね。それがコミュニティ・スクールにもつながると思っています。保護者や地域の人たちが一緒になって動くことが日常になり、子どもたちも当たり前だと思うような地域社会をつくっていくことが重要です。私が教育長としてやりたい仕組みづくりがそこにあります。

＊東松島市では２０１８年度からすべての小中学校がコミュニティ・スクールになった。

（齋藤）防災教育を切り口にして地域のコミュニティづくりを推進するわけですね。

（小島）行政には実施できる可能性と限度もあるので、まさに「つなぐ」ために何が必要だろうかと考えています。教育委員会がどれだけリーダーシップをとれるのかが重要です。これまで実施してきた「ＢＯＳＡＩミライ交流 in ＳＵＷＡ」や「虹のかけ橋プロジェクト」などの防災交流の影響が大きいと思っていますし、現在では消防団や保護者からさまざまな協力をもらえるまでに至っています。考えてみれば、諏訪市の災害史を遡（さかのぼ）れば同じような災害が起こっているわけです。

江戸時代から明治にかけての『諏訪湖氾濫三百年史』という本がありますが、ほとんど毎年か１年おきに氾濫、洪水や飢饉、凶作が発生しているわけです。だからこそ、他の地域と「つなぐ」ことの意味が大きいのです。

（齋藤）ここまでは教育委員会の使命と役割についてうかがいましたが、これからの日本の教育のあり方についてもご意見があればお聞かせください。

（工藤）とても大きな課題ですね。実は、今回諏訪市に来るときに東松島市の議員と仙石線で一緒になったんですよ。そのときに話題になったのは、一人ひとりの市民が責任を持つような社会にしていかないと民主主義が壊れるという内容でした。でも、今日の交流会で子どもたちが生き生きと活動する姿を見ていたら、決して不可能ではないと感じましたね。そういう人材を育成していくところに教育委員会の役割があると思っています。コミュニティ・スクールを軸にしながら、みんなで地域社会の仕組みをつくっていける市民として成長することを期待しています。

（小島）これは言い古された言葉ですが、教育の目的はただ知識を伝達するだけではなく、子どもの命を守りながら、その秘められた可能性を伸ばすことに尽きると思っています。私たちが教育課程の核として位置づけている教科指導はもちろん大切ですが、もっと大局的な視点から確固たる教育観や教育哲学を持って「命と向き合い、命をつなぐ」ような教育課程を編成することが重要だと考えています。

ミヤコガネ物語

ここでは震災が生んだひとつの奇跡として、モチ米の品種「ミヤコガネ」がつないだ縁を紹介しておきたい。

2015年5月、石巻西高校近くで農業を営む吉田和夫さんから長野県短期大学教授の上原貴夫先生のもとに一箱の苗が届けられた。

上原先生が住んでいる長野県北佐久郡の御代田町は、浅間山の麓に位置する高地である。上原先生とは、2012年1月に私が御代田町で防災講演を行ってからのお付き合いである。講演会のなかで除塩作業により奇跡的に復活したミヤコガネを紹介したのがきっかけで、ミヤコガネを御代田の土地に実らせようとしたが、果たして信州の冬の厳しさに耐え抜いてくれるのか心配だったという。そこで、石巻市の吉田和夫さんにお願いして苗を届けてもらうことになった。その後、自宅に苗が届けられたその日から浴室で温度管理をしながら、苗の成長を見守り続けたという。石巻市の平地ならば普通に成長する苗が、御代田のような寒冷の高地では成長も遅く、針にも似た細さだったという。しかし、これまで長年にわたって培ってきた農業の経験が、ミヤコガネの生命力を守り通

被災地から届いたミヤコガネ

し、信州の大地に見事に根付いたのである。

２０１８年11月、東日本大震災から7年も経過したことで、信州との縁を結んだミヤコガネの物語をまとめようと思い立ち、東北新幹線に乗って大宮駅から長野新幹線（当時）に乗り換え佐久平駅に降り立った。11月の御代田町は、風が少しずつ冷たさを増して冬の到来が近いことを予感させた。

（齋藤）ご無沙汰しております。こうして再び御代田町を訪れることができて感慨深いです。

早速ですが、２０１２年1月に御代田町の敦盛ホールで初めて講演をしたとき、奇跡的に復活したミヤコガネをご覧になり、被災地とつなげようと思ったきっかけについてお聞かせください。

（上原）講演後に稲穂を置いていきますと言われたときは、御代田町でいただいたものと理解していました。その後、社会福祉協議会が稲穂を持って行って3月頃まで展示していたようですが、そのまま置いておくのも忍びなかったので、誰も引き取らないなら分けてくださいとお願いしたんです。

（齋藤）その苗を育ててみようという気持ちになったのはいつ頃からですか。

（上原）当初は、東日本大震災のモニュメントだと思っていたので、自宅に持ち帰ったままでした。

ある日、ふと見ていたら稲わらの先にある籾（もみ）が目に入ったんですよね。それが妙に心に懸（かか）りました。これは何か意味があるんだろうといろいろ連想するうちに、籾は種であり蒔（ま）けば芽が出るだろうし、芽が出るならばせっかく命があるものだから育ててみようという気持ちが湧いてきたんです。

（齋藤）私も除塩によって再生した米が、災害にも強いモチ米だと初めて知りましたし、震災からの復興は人間だけではないことを教えられました。こうして上原先生が大事に育ててくださることで、米からも大切なメッセージをもらった気がしています。

その後、ミヤコガネを育てていく過程での苦労話をお話しください。

（上原）震災当時の様子がテレビで放映されて、そこには石巻西高周辺の光景も当然ありました。そこで、ミヤコガネが収穫された場所と石巻西高校の存在がダブったんですね。

さらに、私の娘もその5月から緊急支援カウンセラーとして石巻西高校へ派遣されたこととも重なり、ミヤコガネを育てた人の思い、いわば「百姓の気持ち」が心にずっしり届いたわけです。

これは東北であっても信州であっても共感できるところなんですね。

ただ、思いついたのが3月の終わり頃でしたし、こちらは気候が寒い土地ですから早い時期に実らせないといけないんです。こちらでは3月頃から苗代の準備を始めるので慌(あわ)てましたね。今の時代は苗代作りを自分の家で行う農家は少ないんですよ。苗代を作るとか種を蒔くのは知っていましたが、どういう準備をすれば良いのかまで具体的にわからなかったんです。そこで、私の母親から全部のやり方を教えてもらってようやく苗代ができたんです。

たとえば、温かいお湯につけて籾から芽を出させて苗床(なえどこ)を作り、そこへ種籾を蒔いて苗にしていく段階から温度や日数まで教えてもらったんです。母親がいなければこの米はできなかったはずです。

（齋藤）先祖代々から受け継いできた米作りに懸ける思いにふれた気がします。農機具が改良されて便利になっても、結局のところ人間の知恵が欠かせないわけですね。

（上原）自分で苗代を作り、そこを苗床にして種籾を蒔きましたが、放っておくと寒さに負けてしまって芽が出なくなり腐ってしまうんです。だから保温折衷（せっちゅう）苗代をつくるのですが、それを毎日のように面倒を見ながら温度調節をするわけです。

御代田町では4月から5月の時期でも氷が張りますから、苗に影響が出ないように工夫を重ねて実らせるんです。うまく苗になれば、次には田んぼに植えることになって「しろかき」の作業をしますが、今の時代だと機械で植えるんですが、何しろ苗の量が少なくてしかも弱かったので、ミヤコガネはすべて手で植えたんです。苗床でさえそんな状態でしたから、実際に田んぼに持っていって植えたら水に埋まってしまいました。極端に言えば、木綿針（もめんばり）のように細く、色合いも緑ではなく透き通るような弱々しい色でしたね。

田植えのときには、僕が教えている長野県短期大学の学生も協力してくれましたが、これで稲穂が本当に実るまで成長するのかと心配するほどでした。それでも自然の力は怖さもあるけれど優しさもあることに気づかされましたね。自然はそれだけ懐（ふところ）が深いし、弱いものでも受け容れてくれるんだと教えられました。ミヤコガネの苗の頑張りには、人間である私の方が頭の下がる思いでした。

(齋藤) 以前、上原先生から作物と土地が合わないことを「ケンカする」とうかがいましたが、どういう意味なんでしょうか。

(上原) 自然の不思議だと思いますが、石巻から長野県までは500キロメートルも離れているし、そのうえ標高差もかなりあります。普通ならば、苗は違った場所に来たらそこの大地に適応できないと生き抜けないですよね。これは自然界の厳粛な事実です。私の読みすぎかもしれないですが、生き抜くための底力は、石巻の土地がベースだったと思いますよ。これだけの距離を移動しているし、おまけに長野の気候を知らないのだから、石巻ベースで育つしかなかったんです。それが、端的に表れたのが穂を出すときでしたね。これがなかなか出てくれなかったんですよ。御代田の土地だと8月のお盆前に穂を出さないと、秋の実りに間に合わなくなるんです。

(齋藤) ミヤコガネの生命力と適応力、それと上原先生の思いをしっかりと受け止めて御代田の風土に適応したんですね。御代田町の水源は浅間山からの水脈なんでしょうか。石巻には浅間山のような高い山がないので、その違いはあるんですか。

(上原) はっきり言って、あると思います。何10キロも離れている標高の高いところからの湧き水ですから冷たいです。そのままの水を使うと成長が遅くなったり、タイミングがずれたりするわけです。だからこそ、田んぼのなかに畦(あぜ)を作り、水を回して少し温めた水を米に当てるように工夫します。それぐらいの手間をかけないと米にはならない土地柄なんです。

（齋藤）手間暇をかけるとか手塩にかけるという言葉は、まさにミヤコガネを育てるときに使われるべきですね。ミヤコガネが初めて実ったときの収穫量はどれくらいでしたか。

（上原）まあ1束1握りでしたね。それをすべて籾にして翌年は1俵から2俵くらいは収穫できました。まず生き延びることが最優先で育てましたから、そこまで収穫できるとは思っていなかったです。それで最初の年はお米にするのが精一杯でした。

そして、長野県短期大学の学生と一緒に2年目に収穫した米を石巻西高校に持っていったんです。そのときは、大学生が田植えから除草作業、そして稲刈りまでずっと手伝ってくれました。それで、学生たちが収穫したミヤコガネに名前をつけることになって「わすれ米」と名づけたんです。

（齋藤）収穫したミヤコガネで地元の保育園の子どもたちが餅つきをしたとか、御代田南小学校ではミヤコガネを植えたりしたとか聞いていますが。

（上原）学生たちの活動が広まっていくなかで、自分たちもやってみたいという意見が保育園や児童館などから聞こえてきました。それで幼い子どもたちが田植えをして、実ったお米で餅をついて食べることになったんですが、発泡スチロールに植えただけの量では足りるわけがないので、わが家で収穫した「わすれ米」と一緒に餅つきをしたわけです。

（齋藤）上原先生のお母様の思いが、次世代に受け継がれた奇跡の「ミヤコガネ物語」ですね。

・里帰りしたミヤコガネ

２０１３年11月、長野県短期大学の学生が石巻西高校を訪問して「わすれ米」を全校生徒に披露してくれた。人間が手塩にかけて育てた米にも絆が宿る。「わすれ米」に託す大学生の思いが、静かに耳を傾ける生徒たちの心にも伝わった。石巻西高校では毎年11月に恒例のマラソン大会がある。思い通りにならない日常生活を強いられている生徒たちが、前を向いて一斉にスタートラインに立てるようにと、上原先生に大会のスターターの役をお願いした。スタートラインに立つ生徒たちを温かく見守るなかで高らかに号砲が鳴った。上原先生は少年のようにうれしそうな表情をしていた。

・「わすれ米（まい）」の由来（わすれ米に同梱の学生のメッセージ）

２０１１年３月11日に東日本大震災が発生しました。大きな災害でした。陸地の水田にも津波が押し寄せ海水に浸かりました。東日本は大切な米どころです。津波を被った水田では、そのときの塩分でお米ができなくなってしまいました。でも農家の方はなんとしてもお米を作ろうとがんばりました。田の土から塩分を取り除き、ようやく実ったのが除塩の稲です。私たちはこの大きな災害を教訓とし、農家の方々の苦労を忘れないようにしたいものです。また、このお米がたくさんの人と地域をつなぎました。このことを決して忘れないために、このお米に「わすれ米（まい）」という名前にしました。

（齋藤）「わすれ米」について、もう少しお話をうかがいます。「わすれ米」というネーミングは、学生から自然に出てきたのですか。

（上原）僕の研究室で学生たちがいろいろな話をしているうちに、手塩にかけて作った米だから石巻に返してあげようと思いついた学生がいたんです。若い人の感性だなと思いました。

（齋藤）それで、石巻西高校で「わすれ米」の贈呈式を行いたいと考えたわけですね。

（上原）そうですね。自然に思いついたところが素晴らしいですね。さらに、どうせ持っていくならば俵（たわら）にして運びたいという話になり、自分たちで作ることになったんです。そこで、御代田町の浅間縄文ミュージアムに展示してあるのをモデルにして俵の編み方を覚えたんです。でも実際に俵を編む道具がないので、学生が家に帰ってから物干し竿（さお）２本の両側を支えて、その間に藁（わら）を入れて紐（ひも）で編み上げる手法で作りあげたんです。

（齋藤）そうでしたか。贈呈式のときに生徒たちの表情を見ていましたが、石巻西高校近くの田んぼで除塩した米が、「わすれ米」として里帰りしてきたことを不思議そうに見ていました。後で何名かの生徒に聞いてみたら、「復興は人をつなぐだけでなく、お米がつなぐ復興もあるんですね」と言ってましたね。

その後、２０１４年１月に石巻西高校を会場に国

500キロの道のりを越えて

連ユースの宿泊防災研修が行われましたが、そのときにも長野県短期大学の学生が「わすれ米」を紹介してくれました。参加したほとんどの学生がアジア出身だったこともあり、「わすれ米」の話にとても感動していました。

（上原）学生たちは当たり前のことをしてきたような感じなんですね。御代田南小学校でも「わすれ米」を作っていますが、当たり前のように思っているところがいいんですよ。それで、苗代作りのときに6年生が引き継ぎ式を行い、自分たちが作ったお米を種籾として5年生に託していくんです。

（齋藤）結局、石巻から長い旅を続けて来た「ミヤコガネ」が残したものは、毎日の暮らしのなかで震災を「忘れまい」とする意志だったのですね

（上原）言葉というのは難しくて不自由なものです。たぶん災害を乗り越えていく過程で生きることの意味がわかってくるのだと思います。「わすれ米」は、宮城とか信州の隔たりではなく、もっと根源的な何かを人間に語りかけているのではないかな。僕にとって何よりもありがたかったのは、「わすれ米」を育てることに携われたことですね。今、地元の農家の間でも静かに広まりつつあるんです。

（齋藤）それでは、上原先生の奥様の京子さんからもお話をうかがいます。除塩したミヤコガネが自宅に届いたときは、かなり驚かれたのではないですか。

（京子）講演会で紹介された稲の束（たば）を見てから、しばらくして主人が社会福祉協議会に行ってもらっ

てきたんですよ。まさか、お米にするとは想像もしていなかったです。

（齋藤）上原先生は、何かを思いついたら少々無理でも行動に移すタイプなんですか。

（京子）どうなんでしょうか。それでも、何となく思ったことが実現するタイプですね。

（齋藤）最近よく言われる「何かを持っている」ご主人なんですね。

（京子）どうですかね。それでも、稲の束を見た時点では、どうするかまでは決めていなかったと思いますね。

（齋藤）その後、育苗箱に入ったミヤコガネの苗が自宅まで届いたと思うのですが、そのときは驚かれたのではないですか。

（京子）それはびっくりしましたよ。いただいた苗だけで足りなかったので、一体どうするのかと思っていたら、宅急便でお米の苗が自宅まで届いたんですから。

（齋藤）上原先生と一緒に石巻市の蛇田地区まで初めて行ったときに、農家の吉田和夫さんはすごく嬉しそうな顔をしていました。

（京子）除塩をしてまでミヤコガネを再生させたことを思うと、きっと大変なご苦労をなさったんでしょうね。

（齋藤）初めてお米が収穫できたときの様子はいかがでしたか。

（京子）とてもいいお米でしたね。このミヤコガネという品種は、お菓子作り用のモチ米だとお聞きしました。ですから、こちらの地域にないモチ米の味でしたよ。お米を差し上げた方も「これ何だい」と言ってびっくりしたんです。こちらで穫(と)れるモチ米と比べてみると、あっさりとして胃に優しいんじゃないかしら。

(齋藤)無事に実って収穫できたときの上原先生の表情は、きっと満面の笑みだったでしょうね。

(京子)そうでしたね。ミヤコガネの写真もよく撮ってましたしね。

(齋藤)上原先生のお嬢さんの美穂先生が、緊急支援カウンセラーとして石巻西高校に勤めていた当時、「父はまるで子どものようなところがあるんですよ」と、笑いながら話していました。上原先生の純粋な思いが、この実りまでつながったのだと思います。

(京子)最初の頃は、隣の田んぼを作っている人が、主人の作った苗を見て「何だいこれ」と言ってましたよ。これは細すぎて育たないだろうとまで言われたんです。それが諦めずに手間をかけていくうちに、立派な苗に成長してきたんですから、それはうれしかったですね。

(齋藤)現在では、どれくらいの農家の方がミヤコガネを育てているんですか。

(京子)今でも籾(もみ)をくださいと言ってくる方がいますね。去年も作った方がいましたし、今年になっても結構いますね。地元にあるたんぽぽ保育園や御代田南小学校でも毎年のように作ってくれますし、今年は町外からの依頼もありましたね。

(齋藤)そうしますと、ミヤコガネは御代田町でどんどん広まりを見せているんですね。

(京子)はいそうです。

(齋藤)長野県短期大学の学生たちが「わすれ米」と名づけたことを聞いて思わず涙が出ましたが、

若い学生たちの取り組みをどのようにご覧になっていましたか。

(京子)学生さんはとてもよくやってくださいました。昔の家にある機械を使いながら田んぼに入って田の草取りも手伝ってくれましたね。

(齋藤)この「わすれ米」によって５００キロメートルも離れた長野と宮城の若者がつながるとは思いもよらなかったです。

(京子)私としては、これからも「わすれ米」を作り続けていきたいと思っています。初めて収穫した年だったと思うんですが、ラジオに投稿したんですよ。そうしたら、それを聴いてくださった方が石巻にいたんですよ。「石巻のみなさん！　今年も『わすれ米』ができましたよ。みなさんとつながっていますよ」と、あのときは本当にうれしかったですね。

(齋藤)私もその話を聞いて驚きました。われわれ人間に対して、「わすれ米」がとても大切なメッセージを届けてくれたような気がしました。


日本人が忘れてはならない日本人の心がここにあるのではないだろうか。私が御代田町を愛するのは、そこに息づく大自然に畏敬の念を抱きながら懸命に生きる人たちがいるからである。物質文明のなかで見失いがちになっている人間性を問い直すヒントが、ここにあるような気がしてならない。ミヤコガネ物語は、大地に根ざした夫婦愛の物語でもある。

3　都市災害と人材育成
――東京編

２０１０年４月、東日本大震災が発生するおよそ１年前に中央防災会議が開催され、国からの報告書として「首都圏水没」が公表されたが、都民の生活感覚として差し迫った危機感が生じたようには思えなかった。同年７月に積乱雲によるゲリラ豪雨で北区の石神井川が氾濫し、周辺地域で下水道が許容量をオーバーして内水氾濫が発生したにもかかわらず、住民の防災意識が高まっているようには思えなかった。

そこで暮らしている人たちがいる――桜丘中学・高等学校

桜丘高校は東京都北区滝野川にある中高一貫教育の私立中学・高等学校である。ユネスコスクールの認定校としてグローバル人材の育成と社会貢献に役立つ教育を推進し、２０１２年から東北研修旅行を継続している学校である。実施するにあたってさまざまな課題が立ちはだかる状況のなかで、「何よりも、そこで暮らしている人たちがいる」という思いが決め手になって東北研修旅行の実施を決断した。

２０１２年５月、２泊３日の行程で約４００名の生徒たちが被災地にやってきた。当時は、１学年８クラスの旅行隊の防災研修に対応できる学校がなかったので、石巻専修大学にお願いして全体講演を行うことにした。この時期に仮設住宅で被災者との交流ができたことは、桜丘高校の生徒にとってかけがえのない学びとなった。

そして、石巻西高校では共同作業で防災カレンダーづくりをしながら高校生同士の交流を深めたり、大きくふたつのグループに分かれて各教室で防災学習を行った。

たとえば、Ａグループの場合は、石巻西高の自然科学部顧問の大竹佑樹先生から津波発生実験装置を使ったデータに基づく研究成果と自然科学部員と取り組んだ２重防潮堤についての講義をしてもらった。

また、東松島市の大曲浜地区の人たちが暮らしている矢本運動公園仮設住宅自治会長の小野竹一さんからは、大曲浜地区の被災状況と慰霊碑について、仮設住宅で暮らす人たちが孤立化しないようにさまざまなコミュニティづくりに取り組んでいる

小野竹一さん（右）と安倍志摩子さん（左）の講話

様子を話してもらった。桜丘高校の生徒たちは、震災を体験した当事者の声に聴き入っていた。

Bグループの場合は、語り部の安倍志摩子さんから体験を語ってもらった。安倍さんは東松島市内の小中学校で着衣泳の指導をしてきたが、津波が鳴瀬川の堤防を越えてくることはないだろうと思い込んでしまい、ご主人と一緒に川を遡る津波に呑み込まれたときの状況を語ってくれたが、生と死の境界を生き抜いた人の言葉は重く、聴き入る生徒たちの心に深く届いた。

また、津波発生装置を発明した堀込智之先生は、新北上川河口に位置する長面地区で津波発生のメカニズムについて研究を続けてきた。そして、その実験結果をもとに災害を科学的に理解することの大切さを講義してもらった。

ふたつのグループ研修は内容的に盛りだくさんだったが、この時期に被災地を訪れてくれた桜丘高校の思いに応えようと、快く引き受けてくれた講師の方たちの気持ちが何よりもうれしかった。

次は２０１４年の研修旅行に参加した生徒のレポートである。

東日本大震災から3年経った町をバスの窓から見ていると、いまだに倒れたままの家や木々があった。仮設住宅もたくさんあったが、修復されているところもあった。復興作業をしている様子もたくさん見られた。被災した人たちの目にはどう映るのかわからないけれど、みんなが動いている。3年経ってからの被災者の心の内はわからないけれど、私たちに何かを伝えようとしている気持ちを感じる。明るく前を向いている、私はそう感じた。震災を体験して多くの人たちが強い使命感を持っていると思った。生命力のようなものさえ感じた。今回の教訓が私の背中を押してくれるときが必ず来ると思う。私も何か使命感を持って全力を尽くせるものを見つけたい。人と人との結びつきとか、感謝の気持ちを伝えることの大切さとか。ひとりで生きているのではないことを感じた３日間だった。

人の縁とは不思議なもので、２年後に私が勤務していた東北大学でこの生徒と再会することになった。話を聞いてみると、私が豊島区立千川中学校で講演をしたときの在校生で、卒業後に桜丘高校に進学した学生であった。彼女は東北研修旅行で被災地を訪れたことがきっかけで、東北大学で学ぶ決心をしたという。

東北研修旅行から２ヶ月後の７月、この行事にかける思いを知りたいと思い桜丘高校を訪問した。昭和レトロを思い出させるような、心地よく揺れる都電荒川線の風情を懐かしく感じながら、滝野川一丁目で下車し、徒歩数分で桜丘高校に到着した。事務室にひと声かけてから校舎に案内され、平美佐子校長と三浦倫正先生から桜丘高校の教育と東北研修にかける思いについて語ってもらった。

（齋藤）２０１２年から東北研修を実施することになったきっかけを教えてください。

（三浦）本校は、東日本大震災が起きた２ヶ月後に、ある学年が東京ディズニーランドに行きました。その目的が「ディズニーランドのおもてなし」でした。何か違うのではないかという違和感が当時からありました。そして、震災から半年ぐらい経った頃に、被災地では物資もボランティアも充足しているし、むしろ風評被害で人が訪れないことが問題だと旅行業者から言われたんです。それを聞いてから被災地に足を運ぶ意味があるだろうと考えて、東北研修の実施を具体的に検討することにしたんです。

（齋藤）初めての学校行事は何でも大変だと思いますが、生徒や保護者の反応はどうでしたか。

（三浦）それは大変でした。震災の半年後も東京は余震で揺れていましたし、また津波が来たらどうするんだとか、原発の問題はどうなのかなどのさまざまな意見が出たので、正確なデータを示す必要があると考えました。たとえば、新幹線に乗車してもケガ人は1人もいなかったとか、放射線量も南三陸町は問題ないという情報をもらいましたし、現地のホテルは25メートルの津波にも耐えたし、何かあったら逃げる方法も教えてもらえると説明しました。

（齋藤）いろいろなハードルをクリアするまで大変な苦労があったんですね。こういう厳しい状況のなかで、校長として実施するかどうかを判断するのにかなり悩まれたのではないですか。

（平）そうですね。学校はどうしても安心と安全が最優先に求められます。実施の判断をするときはできるだけ不安材料を無くすことが重要です。ただ、東日本大震災はその地域の問題だけでなく、私たち自身の問題だと考えました。これからの日本はどこが安全なのか誰もわからないわけです。そして、被災地で懸命に生活している人たちと交流することは、学校生活だけでなく人生においてもプラスになると確信していました。さまざまなことを想定しながら最終的な判断をしました。

（齋藤）研修旅行で被災地を訪れる学校に共通しているのは、広く日本の国全体を見ているところです。おそらく、生徒たちは先生方の思いを深く理解したからこそ参加したのだと思いますし、心のどこかで震災を自分事として受け止めようとする意識があったのだと思います。

(三浦) そうですね。もちろん保護者の理解もありますが、子どもたちが自らの意志で被災地に行こうとする意識に変わることがもっとも大切でした。たとえば、昼の校内放送を通して自分たちの言葉で語りかけたのもその表れでした。

(齋藤) 放送による呼びかけはとても意義深いことだと思います。桜丘高校の生徒たちと実際に接しているうちに感じたのは、生徒たちの素直さと優しさでした。

(平) 物事を深く考えることのできる子どもたちです。できれば積極的にもう1歩前に出る姿勢があればと思っていましたが、被災地に行ったことでその1歩が踏み出せるきっかけを見つけたようです。

学校に帰ってきてから東北研修のまとめをするんですが、自分が感じたものを自分の言葉でストレートに表現してくれましたし、これからの生き方につなげていこうとする姿勢が見られました。

(齋藤) これからも東北研修を通して大きく成長することを期待しますが、そのための「場」をつくるのが教師の仕事だと感じました。実際の研修コースが確定するまでの経緯を教えてください。

(三浦) 初年度は2回ぐらい下見に行きましたが、そこにいるだけでショックでしたね。それから臭いが強烈でした。

（齋藤）臭いは映像を通して伝わらないですからね。当時はまだ震災のなまなましい痕跡があちこちに残っていましたからね。実際にその場に立ったときの生徒たちの様子はどうでしたか。

（三浦）全員が言葉を失ってしまいました。マンションの上に車が乗っかっていたり、船が病院に突き刺さったりしていましたから。バスから降りて地面でキラキラ光るのがガラスの破片だと気づくと、それぞれに強く感じるものがありました。初年度は、南三陸町のホテル観洋に宿泊しましたが、400名もの団体を受け入れてくれたのはここだけでした。

（齋藤）当時は、修学旅行の団体を受け入れてくれるホテルはなかったと思います。生徒との交流を希望しても、学校再開後の混乱や生徒の心のケアの問題を考えると現実的には無理でした。

2012年に東北研修が実現できたのは、石巻専修大学が会場を提供してくれたからです。

（三浦）被災した地域での清掃ボランティアや仮設住宅での交流を通して、子どもたちは大きな人生経験をしたと思います。

（齋藤）やはり、めぐり合わせなのでしょうか。私が震災を語り継ぐ活動をしようと考え始めたときに、桜丘高校さんがこちらに来てくれたんです。今後もこの東北研修を継続する予定でしょうか。

（平）生徒が変わっても大切なものは引き継いでいくべきだと考えています。当たり前に思っていたことが、実はそうではなかったと気づいたと書いている生徒が多いんですね。ですから、被災地の訪問を決断したときから、最低10年は継続しようと決めていました。

（齋藤）桜丘高校の生徒たちが書いた文章を読むと、現地で受けとめた思いをストレートに書いていますね。ところで、学校に帰ってきてからの保護者の反応はどうでしたか。

（三浦）学校が親の代わりに被災地に行かせてくれたと話す保護者もいました。また、親が期待する以上のことを学んできたと感動してくれた方もいました。

（齋藤）この東北研修だけでなく、学校としてこれからの子どもたちに何を期待しますか。

（三浦）今は人間関係がますます希薄になっている時代ですが、子どもたちは人とのつながりや関わり合いのなかで成長していくものだと考えています。私は「災間を生きる」という言葉がとても心に残っています。災害と災害の間を生きながら、自分たちが生まれ育った日本の歴史と文化を見つめ直すことのできる人間になってもらいたいです。

（平）国際化の時代を生き抜くためには、教育の果たす役割がとても重要だと考えています。そのためには、子どもたちが自分の都合だけで物事を考えるのではなく、他人の生き方や考え方も受け容れることのできる人間に成長することを期待しています。

人と人とをつなぐ――藤田豊先生

震災後に石巻西高校と都立高校をつなぐ大きな役割を果たしてくれたのが、都立南平高校に勤務していた藤田豊先生である。

２０１５年８月、東京都立南平高校と第五商業高校の生徒たちが、石巻西高生と交流をするためにやってきた。その目的はふたつで、復興の現状を確かめながら、同世代の高校生と意見交換することで、命や災害に対する向き合い方を考えること。そして、仮設住宅で暮らす人たちとの交流を通して、自分たちの地域で予想される災害への備えとしての自助や共助について考えることであった。

1日目の活動は石巻西高生との交流から始まった。高校生が話し合いをするそばで見守っていると、若者は打ち解けるのがとにかく早いことに驚かされる。自己紹介の時点から和やかな雰囲気が生まれ、交流会のなかでさまざまな体験談が語られ、それに対する真剣な質疑応答がなされ、真剣な表情で耳を傾けていた。そして、学校行事と災害資料などを掲載した防災カレンダーを通して、西高の防災委員から情報発信することの意義を丁寧に説明してもらった。

夕方から東松島市の矢本運動公園にある仮設住宅に行き、そこの自治会役員に協力してもらいながら夕食の準備を始めた。そこには生徒たちの思いがあった。それは地元の食材だけで、地元産の米と海苔を使っておにぎりを作ることであった。米をビニールの袋で包み、災害時には電気やガスが使えない状況を想定してそのまま大きな釜に入れて炊くことにした。まず、女子生徒はおにぎり作りを担当したが、米の研ぎ方が上手くいかずに仮設住宅の方に教えてもらうことになった。東松島産の海苔は皇室献上品としても有名で、生徒たちはそれだけでも感動していた。海苔の巻き方を教えてくれた方は、都会の子どもたちから必要とされて過ごす時間を楽しんでいるかのようにも見えた。

一方、男子生徒は焼きそば作りを担当した。大量の麺や肉を焼いた経験がなく、要領を得ない手つきを見かねた役員が焼き方の手本を示すように手際よく作り始めた。高校生は袋から焼きそばを出すだけの作業になったが、それも立派なボランティアだとみんなで笑い飛ばしてくれた。仮設住宅のなかでは、被災者同士が大きな声で笑い合う機会は決して多くはない。それでもあっという間に打ち解けることができたのは、仮設住宅の人たちが高校生に教える立場になったことで、お互いの心の距離が近くなったからである。

　夜の交流会では、南平高校の生徒が企画した「大漁唄い込み」の披露や「恋するフォーチュンクッキー」の振り付けでみんなが楽しく踊った。果たして初対面の者同士が遠慮せずに踊ってくれるのかと心配しながら見守っていたが、それは私の思い過ごしだったようで、全員が見よう見まねで満面の笑みで踊ってくれたのである。ボランティア経験の乏しい高校生が東京からやってくるのは仮設住宅で暮らす人たちにとって迷惑ではないかと、交流会の前に自治会長の小野竹一さんに相談したところ、「何もできなくてもいいんです。子どもたちと一緒に美味しいものを食べたり、お茶を飲んだりするだけでいいんです」という言葉が返ってきた。そして、仮設住宅で孤立しがちな被災者にとっては、自分が必要とされるよろこびを感じることが大切なのだと教えてもらった。震災から生き残った意味や人の役に立てるよろこびを実感する機

笑顔でふれあう高校生ボランティア

会が、被災者の生きる意欲を高めることにつながるのだと、高校生たちの明るく元気に活動する姿を通して気づかされた。

後日、編集された交流プログラムの作文集に寄せられた、自治会長の小野竹一さんの文章を紹介したい。

生きる、涙、そして出会い

生まれる、生きる、生かされる、「生」ではじまる文字もいろいろです。

2009年7月、突然の出血とめまいに襲われて緊急入院、検査の結果は直腸がんと診断され、8月に手術しその後は抗がん剤治療で耐えられない副作用に苦しみ、主治医に治療を中止してほしいと直訴（じきそ）しました。

2011年1月、再手術が無事に終わると3月11日の地震と津波に襲われ、1週間後には右アキレス腱を断裂しました。1年半くらいの間に2度も生かされた命、今を生かされている命だと思います。命ある限り、1日1日を大切にしながら、仮設住宅のみなさんと一緒に復興の笑顔を見るために生きていきたい。

うれしい涙、悲しい涙、涙にもいろいろです。子どもの誕生、子どもの結婚、孫の誕生などは、うれし涙です。家族の死、両親の死、津波の犠牲になった親族や友人の死、知人やたくさんの方々の死、葬儀のたびに幾度も流した耐えられない涙、これまで人前で見せなかった涙、今は人の目を気にせずに流せる涙。「涙を流した分だけ人に優しくなれる」と思って、いっぱい涙を流しています。

出会い、つながり、これもいろいろ。36年間百貨店に勤務し、大勢の同僚と取引先の方々との出会い、私のファンになってくださったお客様との出会い、人生のパートナーとの出会い、震災後のボランティアさん、支援の方々との出会い、被災地に寄せる多くの方々の温かい心、優しい心、情熱とご支援、この1年数ヶ月の方が今まで生きてきたなかで、はるかに多い人との出会いになった。深いつながりと「絆」を感じながら、これからも生かされた命がある限り、笑顔のために生きていこうと思っています。

憎い海、悲しい海、すべてを奪った海。

美しい海、生活の海、希望の海。

笑顔で前へ、くよくよしたってしゃねべっちゃ。


2日目は、大川小学校を訪れて遺族の佐藤敏郎先生から説明を受けた。津波が大川小学校を襲った後に、新北上大橋の三角州に子どもたちのご遺体が並べられ、そのまま車に積まれたという。「こういうことが2度とあってはならない」と語る佐藤先生の言葉が心に響いて、生徒たちはその事実に涙するしかなかった。

次に向かったのが東松島市立浜市小学校である。近所で農業を営む方に案内をしてもらいながら、当日の状況を想像していた。浜市小学校に避難した人たちは全員が助かったという。大川小学校との立地条件は異なるにしても、被災地のふたつの小学校を比較することで、多くの子どもたちが犠牲になった事実と命の意味について深く考えさせたかったという。

南平高校では、今回の交流プログラムを終えてから地域の炊き出しや防災訓練を実施したり、2学年の修学旅行で阪神・淡路大震災の震源地である野島断層について学んだり、都立高校防災サミットに参加したりするなど、防災教育や地域活動が加速度的にすすめられていった。

2017年8月、都立新宿山吹高校の副校長として異動になった（当時）藤田豊先生から、都立高校と被災地の高校をつなぐ思いについてうかがった。

（齋藤）まず、前任校の都立南平高校と石巻西高校との関わりからお話しください。

（藤田）2011年11月に東京で行われた「第20回全国ボランティアフェスティバル」で「大震災における中・高校生の支援の可能性」の分科会に、当時の勤務校だった都立第五商業高校の生徒と参加して、石巻西高校の生徒の話を聞いたことが始まりです。その生徒は、東松島市災害ボランティアセンターでボランティアを送迎する自動車の運行経路の管理を任されていました。

その後、2014年度に都立南平高校へ異動しましたが、学力の向上と防災教育の推進を掲げていたこともあり、学校として高校生をつなぎたいと考えていました。そこで、宮城県教育委員会に照会して石巻西高校とつながることになったわけです。石巻西高校の取り組みから震災の教訓を伝える想いを強く感じて、南平高校生とぜひ交流させたいと思いました。その後、生徒たちからも宮城県を訪問したいという声があがり、２０１５年８月に南平高校と第五商業高校の生徒たちとともに東松島市や石巻市を訪問することになり、現地の高校生や仮設住宅で暮らす方々との交流を通して多くのことを学びました。

（齋藤）南平高校の防災教育の取り組みについて具体的に教えてください。

（藤田）２００７年から東京都設定科目として「奉仕」（現在は「人間と社会」）が設置されており、南平高校では２０１４年度から静岡県危機管理局が作成した「避難所運営ゲーム（ＨＵＧ）」を年２回実施していました。それから、日野市社会福祉協議会や明星大学の減災ボランティアサークルの協力を得て、第１学年の生徒３２０名を対象に、幅広い視点から防災を学ぶ取り組みを継続しています。

また、宿泊防災訓練を通して、地元の消防団を講師に招いた体験実習や炊き出し訓練、教員による災害対応の寸劇などを行っています。さらに、石巻西高校の生徒から「新聞紙スリッパ」の作り方を動画で提供してもらって作製したり、東京都が作成した『東京防災』を活用しながら、新聞紙の活用方法やジャージを使用したリュック作りなど、災害時に役立つものを実際に製作しています。

（齋藤）被災地での南平高校の活動を通して、ボランティアの本質が自分の時間を「あげる」ことによって生きる意味を教えて「もらう」ことだと考えるようになりました。

（藤田）実施する時期によって活動内容も変わってきますが、私たちが矢本運動公園の仮設住宅を訪れたのは震災から5年目のことで、ボランティアというより現地で暮らす方々のお話を聞かせていただくという姿勢で参加しました。調理を希望する生徒が15名程度集まったので、手軽にできる焼きそばと焼肉、東松島産の米と海苔を使ったおにぎりを作ることにしましたが、現地では米を研ぐところから教えてもらいました。また、大きな鉄板で焼きそばを作る経験もない生徒たちですので、手伝ってやらないと先に進まないと思って地元の方が動きだしたんです。「へらは、こう持つんだよ」とか「うまいね」と楽しくやり取りしながら、どうにか夕食の準備ができたんです。このような雰囲気になれたからこそ、初対面の緊張感もほぐれて気軽に会話ができて、被災された方の気持ちをうかがうことができたのだと思います。

（齋藤）お互いが打ち解けるようになるには、時間がかかるという心配が杞憂に終わりました。

（藤田）ボランティア経験の少ない高校生が、被災地を訪れて一緒に活動したことで、結果的に被災された方の励みになるのはありがたい限りです。話し合いをするなかで、命の意味、当たり前の毎日、家族の絆など、生徒たちはさまざまなことを考えたようです。帰りのバスでひとりずつ感想を述べる時間を設けましたが、ひとりで何分も語り続ける生徒が多く出てきて、確かな心の変化がみられました。

（齋藤）新宿山吹高校に異動してからも東松島市を訪問していますが、生徒たちの意識はどうですか。

（藤田）２０１６年度に東京都教育委員会が「合同防災キャンプ」を開催し、生徒80名と教員22名を対象として宮城県を訪問するとともに、防災士の資格を取得する企画を実施しました。そのときに新宿山吹高校からも参加しました。その後、生徒たちは地域の防災訓練に参加したり、１月に行われた都立高校防災サミットでは、参加校の代表として話をする機会もいただきました。

（齋藤）高校生が自らの意志で参加して自分の思いを伝えるのはすばらしいことですね。大人が行う防災教育だけではなく、生徒たちが自ら企画・運営する教育活動につながるきっかけにもなりますからね。

（藤田）そのうちに合同防災キャンプに参加した先生から、自分たちの企画で生徒を連れていけないかという話が持ち上がったんです。プロジェクトチームによる打合せを何度も行い、企画の目的や訪問先などの打合せを行いました。現地の方との調整もすべて担当者が行い、個人的にも事前に東松島市を訪れるなど積極的な動きになっていきました。

そして、２０１７年8月に生徒と教員を合わせた46名で石巻市、東松島市、多賀城市、名取市を訪問して防災研修を積みながら、当たり前の日常や命の大切さなどを学んできました。今回の宮城県訪問のプログラムでは、教員のチーム力が非常に大切であると感じました。防災に対する意識の高い教員が増えていくことで、学校がこんなにも動き出すのかと驚きました。

（齋藤）生徒たちの心の成長が見えてくると教員も動き出すんですよね。

（藤田）生徒の直接的な指導も大切ですが、防災教育推進のアプローチも重要だと考えています。教員は防災に関心がありますが、教え方がわからない面もあります。生徒の感想文のなかには、私はこのプログラムで初めて宮城県に行きました。最も記憶に残ったのは大川小学校でした。あの光景を見たときには、言葉にならない感情でいっぱいになりました。時間が経っても言葉にできません。しかし、絶対に泣いてはいけないと思いました。なぜそう思ったのかはわかりませんが、自分のなかでさまざまな思いがあったのではないかと思っています。震災から6年経った今、「ボランティアは来てもらうだけでよい」、「何もできなくて良い」、「時間を割いてくれることがうれしい」という言葉が印象に残っているし、またボランティアに参加してもっとたくさんの話を聞いたり、関わりたいと強く思いました。

と、自分の思いをストレートに表現したものが多かったです。

（齋藤）生きる上で大切なものを深く感じ取ったのでしょうね。犠牲になった子どもたちの無念さを全身で受けとめて、命の意味を深く考えた様子が文面からも伝わってきます。

話は変わりますが、最近は各地をまわりながら都市型災害について考えることが多くなりました。都市型災害に対する防災教育のあり方について、藤田先生の考えをお聞かせください。

（藤田）防災教育は特定の科目だけに関係があるわけではないです。自分が生活する場所の特性を知るためには、地理や地学の知識が必要ですし、その土地の過去を知るには歴史も必要ですし、急斜面のがけ地では数学や物理も必要です。また、伝え方という観点からは美術や情報、災害時にどのように生き延びるのかという観点からは家庭科、逃げる基礎体力を考えると体育など、すべての学習は防災につながります。東京はいつ大きな災害が起きてもおかしくないと言われています。そのときに備えて、考えられる引き出しをたくさん準備しておくことが重要です。そして、教員がさまざまな教材を使いながら、防災を意識した言葉を挿入する授業展開が不可欠です。

現在勤務する新宿山吹高校は、昼夜間定時制で朝から夜まで授業を実施していますが、2016年度に初めて夜間の避難訓練を行いました。明るい時間帯に行う訓練とはずいぶん異なる雰囲気でした。通常の避難訓練だけではなく、さまざまな場面や時間帯での訓練をすることの必要性を感じました。

また、近年は温暖化の影響で激しい雨による被害も頻繁に起こっています。東京の中小河川は、以前から1時間当たり30ミリメートルまでの雨に対応できるようにしてきましたが、1時間当たり50ミリメートルまで対応できるようにと、河床を下げる工事や調整池の設置などを行ってきたこともあり、以前に比べて氾濫の事例は減少しています。しかし、最近はそれを上回る豪雨や雹（ひょう）などによる被害なども起きています。自然災害が発生するのは、必ずしも自宅にいるときだけとは限らないので、常にアンテナを高く張って生活することが大切です。

（齋藤）これからの学校は、命と向き合う防災教育をどれだけ実践できるかが重要になりますね。

（藤田）まず自分の命を大切にすることが重要です。自己有用感を感じ合える人間関係のやり取りや体験活動を通して共感し合うことが大前提だと思います。

現代はインターネットやテレビなどのメディアを通して、その場にいる感覚でさまざまな事柄を認識できます。しかし、それは本当の姿ではありません。その情報に触れて確かに心が揺さぶられますが、どうしても他人事の感覚が残ってしまいます。だからこそ、現地に行って被災者の言葉に直接耳を傾けること、生活の実態を五感で感じ取ることが大切だと常に思っています。同時に、現地で見聞きしたことを自分の言葉で伝えながら、人と人とをつなげることの大切さも常に考えています。

この命、生かされてこそ――小林豊茂先生

2013年3月、東京豊島区で開催された防災フォーラムに石巻西高の生徒と一緒に参加した。交通案内図をたよりに東京メトロ副都心線に乗り換え、要町(かなめちょう)駅で下車してから徒歩で豊島区立千川中学校に向かった。当時の千川中学校は、生徒の防災意識を高めながら自ら考えて行動できる生徒を育成する取り組みを推進している学校であった。その日は、午前中に千川中学校の研究発表会と私の講演があり、午後から池袋にある芸術劇場前の広場で豊島区の防災危機管理課と一緒に活動した。

そのとき、はじめて千川中学校の小林豊茂校長と本音で語り合うことができたのだが、このときの出会いが都市型防災を考えるきっかけになり、都内の中学校での講演会も増えていった。芸術劇場前の公園の柵に2人で腰を掛けながら、「思いのある者が防災をやっていくしかないんです。小林さん一緒にやろうよ」と、震災以降の学校運営で苦しかった胸の内を打ち明けた。同じ志を持つ者がつながることで、防災教育に取り組むネットワークづくりを推進するためであった。

２０１５年11月、豊島区立明豊中学校から講演依頼があって上京し、小林先生と2年前に交わした約束を果たす機会が訪れた。小林先生は明豊中学校に異動していた。

明豊中学校の講演では、首都防災の視点から災害を科学的に考える視点や都市型災害で懸念される人権問題と心のサポートなどの問題を提起した。特に教職員には命の教育の重要性ついて訴えた。命の教育に取り組むことは、人間の誕生と最期を見つめることになり、それが子どもたちの死生観にもつながると考えたからである。

講演終了後に聴覚支援ボランティアの人たちと懇談する機会があり、要支援者・災害弱者に対する支援のあり方について貴重な意見を聞くことができた。

たとえば、要約筆記の重要性について知ることができた。要約筆記とは、相手が話す内容を文字にして伝える聴覚障害者のコミュニケーションを保障するもので、現在は手話通訳と同様に福祉サービスのひとつとして活用されているという。東日本大震災で深刻な課題として浮き彫りにされた聴覚障害者への救援活動をふまえて、２０１２年に第1回全国統一要約筆記者認定試験が実施されている。同席した保護者によると、自分の子どもが通っている支援学校は、災害時の避難行動や避難所生活に関する情報がほとんどなく、家庭で事前に準備すべきことすらわからずに困っているという。震災を語り継ぐ者として、要支援者のことを知らなすぎる自分が恥ずかしくなった。

この日の講演会以降、お互いに仕事の忙しさに追われて連絡を取り合う機会がなくなった。

1年以上も経過した頃に小林先生から突然の電話が入り、２０１６年夏の健康診断でステージⅣの肺腺がんが見つかったことを聞かされた。受話器越しの声は元気そうだったが、その胸の内を思いやるとかける言葉が見つからなかった。

２０１７年3月11日、小林先生は短期入院を終えて3月17日の卒業式に臨んだという。

校長式辞のなかで、「運命はわれわれに幸福も不幸も与えない。われわれの心がそれを幸福にも不幸にもする唯一の原因であり支配者なのだ」というフランスの哲学者モンテーニュの言葉を引用し、自らの体験と闘病生活を紹介したという。子どもたちに会いたい一心で病気と闘いながら使命をまっとうする小林先生の言葉はあまりにも尊い。校長式辞の話を聞いたときに、卒業生に向かって堂々とエールを送る小林先生の姿が目に浮かび何度も涙した。それは、生かされて生きることの意味を伝え続けている私への魂のメッセージでもあった。

4ヶ月後、居ても立ってもいられなくなり、小林先生に会うために明豊中学校に向かった。千川駅で降りてから、かつて池袋駅前で語り合った日のことを思い出しながら足早に歩いた。

明豊中学校に到着して校長室に入るやいなや、元気そうな表情を見せてくれたが、私は、無理をしているように思われた。長い闘病生活の日々から現在に到るまでを早口で語る姿が、かえって痛々しかった。そして、入院当時の写真を見せながら、「がん教育」を普及させたいと熱く語る生きざまに頭がさがった。小林先生が淹(い)れてくれたコーヒーをゆっくりと味わいながら、お互いの思いを語り始めた。

（齋藤）体調はいかがですか。懐かしさとうれしさが込み上げてきて複雑な思いです。せっかくいただいた時間ですので、小林先生との出会いと今日までの歩みについて語り合いたいと思います。

（小林）齋藤先生と出会った当時、高齢者の多い豊島区の街中で防災訓練をやっているのを見ながら、どうしてここにいる若者たちが参加しないんだろうと思っていたんです。実は、校長になったら阪神・淡路大震災から都市型災害について学んだことを実践しようと思っていました。その矢先に東日本大震災が起こり、やはり自分事として受け止めようという意識が強くなりましたね。豊島区の校長として防災教育を始めていたときに、豊島区の危機管理課から齋藤先生を紹介してもらって、２０１３年の仙台七夕まつりの時期に生徒を連れて視察に行ったのが最初です。そのときは、兵庫県立舞子高校と一緒に石巻西高校の合宿所に宿泊しました。

（齋藤）２０１２年の12月に、石巻西高校を会場にＮＨＫ制作の「シンサイミライ学校」を開催したときでしたね。あのときに参加した明豊中学校の生徒の様子はどうでしたか。

（小林）私も初めて被災地を訪れたのですが、テレビの映像から想像していた状況をはるかに越えるものでした。震災の規模や被害の激しさを目の当たりにし、東京で暮らしている私にとってカルチャーショックでした。特に、大川小学校を見学した生徒のなかには、いきなり涙を流す生徒がいたりしました。

学校に戻ってからは、都市型災害への対応を考えるようになり、火災時に備えてD級ポンプの消火訓練を相当やりましたね。東京消防庁の出初式で中学生の民間消火隊として紹介してもらいました。そのときの生徒たちが消防団にも入れる年齢になってきたので、今後の活躍を期待したいですね。

（齋藤）私が千川中学校で講演をしたのは、確か2013年の3月でしたね。

（小林）そうですね。千川中学校の研究発表会の日でした。午後は池袋の芸術劇場前の広場で豊島区の危機管理課と一体となった取り組みを行いました。あのとき、齋藤先生と話した言葉を今でも忘れずに覚えています。緊急時だけではなく不断から防災教育に取り組む決心をしたんです。防災に関しては、「備えあっても憂いあり」というのが私の考えですが、あの日が原点になっています。

（齋藤）その当時の私は、「実践なくして教育なし」という思いが強かったので、教育実践を最優先する小林先生とお会いできたことが大きな励みになりました。

ところで、さきほど中学生の力について話されましたが、中学校は地域との結びつきが強いですよね。高校ほど通学区域は広くないし、中学校と地域の共助の関係を強化することが防災力向上のポイントになると思います。

（小林）そうですね。教員には異動がありますし、しかも地元出身者でないことが多いです。しかし、中学生は地域防災の役割を担える立場にありますから、大人顔負けの力を発揮します。体力もあり柔軟な発想と機動力もありますので、大人と一緒なって動けると思っています。だからこそ、防災教育は学校主導ではなく、子どもの自主性と本気度を伸ばして地域とつなげる必要があります。そのためには心を育てる教育が不可欠だと痛感しています。大事なのは「心がなければ動けない」ということです。心で感じ、心を読み、心で動く生徒の育成が特に重要だといつも考えています。

（齋藤）防災教育は実践力の育成です。でも、教員のなかには防災教育を避難訓練だと考える傾向があります。確かに、避難訓練も教育実践には違いないですが、これからは命と向き合い・命をつなぐ視点も踏まえた実践力を子どもたちに身につけさせるべきだと考えています。小林先生は大病をなさってから、「がん教育」による「命の教育」を推進していますが、生徒や保護者、そして教職員の反応はどうでしたか。

（小林）スタートは防災教育でした。地域の防災から中学生の使命と役割を考えていきましたが、中学生には「命の教育」の核としての防災教育であるべきだと教えてきました。

その後、昨年の健康診断で肺がんが見つかったときは、ステージⅣでした。本来なら相当末期なんですが、今こうして元気で生活ができるようになり、限りある命を授かったと思っています。この体験が「がん教育」にも力を入れることにつながりました。がん教育も防災教育も特別なものではなく、命をつなぐことを前提にした心の教育を進めるところに深い意味があると考えています。

（齋藤）全く同感ですね。小林先生の言葉からは、「生かされて生きる」ことの意味を深く感じます。闘病生活を送りながら、子どもたちの顔をもう一度見たいと願って職場復帰なさった意志の強さに胸を打たれます。小林先生が復帰なさってからの子どもたちの様子はどうでしたか。

（小林）現代は2人に1人がガンになるといわれる時代で、子どもたちは身内や知人がガンになることを、それほど特別なこととは思っていないようです。

昨年の12月に復帰して、全部脱毛してツルツルになった頭を見せたときに、子どもたちがどんな顔するかなと思ったら、茶化す言葉や笑い声もなく真剣に受け止めてくれました。私が元気になった姿を見て、自分のことのように喜んでくれました。

（齋藤）やはり、日常の教育活動のなかで学ぶ意味や生きる意味をしっかり教えていくべきですね。

（小林）私は学力のことについて教員にも生徒にもあまり言わないのですが、命としっかり向き合うことを教えると、確実に学力が上がると確信しています。実は、本校の3年生は学力が高いんです。なぜかと言うと、学年の教員が私の思いをしっかりと理解して伝えているからだと思います。「先生」という文字は「さきに生きる」の意味ですが、私は「まず生きる」と子どもたちに話します。ですから、教師自らが前向きに生きて希望を持ち続ける姿勢を示さなければならないのです。私がガンになったときに、「校長先生は一生懸命に生きている」という子どもたちの温かいまなざしを感じました。それが安心感を与えることになるし、お互いの信頼関係を育むことにもなりました。

（齋藤）私が初めて明豊中学校で講演をしたのは、確か２０１４年の11月でしたね。

（小林）そうです。私は出張で不在でしたが、子どもたちが声高らかに校歌を歌う姿が誇らしかったと保護者や教員から聞きました。講演を通して子どもたちの心が揺り動かされたのだと確信しました。

（齋藤）震災後にあらためて校歌の力を感じる機会が多かったんです。実際に石巻西高の生徒に聞いてみたところ、学校行事などで校歌を歌える当たり前の生活を送りたいと言うんです。震災があった年の子どもたちは、以前のような卒業式を迎えることなく中学生や高校生になっていきました。それで、明豊中学校の生徒に校歌をリクエストしたんです。

　ところで、２０１６年3月の被災地での研修を終えてからの子どもたちの生活ぶりについて教えてもらえますか。

（小林）あのときの交流会のなかで、「私たちなりに一生懸命に語っているけれども、東京から来た皆さんにも語り継いでもらいたい」と、語り部をしている生徒から言われたんです。そのときにハッと気づかされたんです。これからは、被災地の方々の思いを受け止めるだけでなく、私たちなりに語っていかなければならないのだと。また、参加した生徒のひとりが、家族でも被災地に出かけていき『石巻の記録』という冊子をお土産に買ってきてくれました。たとえ10年後であろうと被災地を訪れる意味は絶対にあると感じています。

（齋藤）明豊中学校は、これまで地域防災をつなぐ重要な役割を担ってきたと思います。さきほど卒業生が「消防団に入れる年齢になりました」と、報告に来たと聞いて感銘を受けました。

（小林）地域の消防団が子どもたちを指導しないと、つながりができないんです。前任の千川中学校でも消防団と生徒が、お互いに名前を知ってもらうように取り組んできました。

（齋藤）最後に、これからの教育活動のなかで「命の教育」をどのようにすすめるかについて、小林先生の考えをお話しください。

（小林）「命の教育」に限らず、人権教育や防災教育で肝心なのは意識を向上させることです。各教科の教育と本質的に異なるのは、一度身につければそれですむレベルではなく、常に意識を高めていかなければいけないんです。知識や技術の習得は学校の教育課程のなかで行うべきですが、高められた意識をカタチにしなければならない。自らの意志で率先して行動する生徒もいるし、後からついていく生徒もいるし、どうしても関心が持てない生徒もいるわけです。だからこそ、防災訓練は生徒の自主性にまかせる必要があると考えています。「命の教育」は、ここが大事なんです。命の意味を感じとりながら、生かされている自分の命を見つめ直すところから生活意欲が湧いてくるんです。命の意味を感じ取れる「場」をできるだけ多く与えていくというスタンスで学校運営を行っています。

（齋藤）小林先生の話をうかがっていますと、時間そのものが命であるという思いが伝わってきます。

4　人権防災を考える
――大阪編

災害には天災と人災がある。いつの時代も人災には人権がついてまわる。社会が激しく変化し情報技術が進歩するなかで、多くの人たちが置き去りにされた感覚や先の見えない不安を抱いている。ひとつの便利さがひとつの豊かさをむしばみ、えも言われぬ不自由さを感じているのは私だけだろうか。どんなに科学技術が進歩しても、そこに人間としての進化が伴わなければ、社会の最も弱い部分に大きなひずみとなって現れてくる。現代のような情報化社会で大きな災害が発生した場合、最も警戒すべきは情報技術の負の側面である。デマや偏見が不安をあおり、ついには過剰防衛まがいの暴徒と化して、最悪の場合は殺戮（さつりく）にまで及ぶからである。東日本大震災後の長い復興の道のりで、さまざまな教訓が積み残しにされてきた。そのひとつが人災であり、過去の災害でも同じようなことが繰り返されてきたのである。

学校が変わるとき――大阪市立鶴見橋中学校

大阪市西成区に鶴見橋中学校があり、家庭環境や生活面などさまざまな課題を抱えた子どもたちが通っている。かつてこの中学校では、自分の居場所を見出せない子どもたちが、学校から足が遠のいてしまい校内外で問題行動を起こす傾向もあったという。

２０１３年４月、鶴見橋中学校はユネスコスクールの加盟校として新たな一歩を踏みだした。それは「いのちの学校」としてのスタートである。学校の目標として、「いのちを高める」、「いのちを守る」、「いのちを温める」、「いのちを輝かせる」、「いのちをつなげる」を掲げたが、その根底には命と人権の理念が流れている。

同年8月、子ども防災プロジェクトチームの代表が、東北を訪問して釜石東中学校との交流会を行い、11月には避難所訓練合宿を行う活動が認められるなど、大阪市長、大阪市教育委員会からも表彰を受けた。どちらかと言えば、教育活動のなかで自己肯定感を持てない子どもたちが、自分の学校に誇りを持つまでに成長したという。

命の教育を学校に根づかせる

２０１４年8月、鶴見橋中学校から木下祐介先生、橋本洋一先生、笠井由美子先生、そして吉野桃花さん、右田海人君の2名が石巻西高校にやってきた。このときの出会いが、私が災害と人権について深く研究するきっかけになった。

一行が学校に到着するとすぐに、私の車に同乗してもらって震災の爪痕が生々しく残っている地域を案内した。何事も百聞は一見にしかずである。いくら写真や映像を見たとしても、現地に行って自分の眼で確かめることにまさるものはない。復興がすすむなかで、遅かれ早かれ景色が変わっていくのだから、何よりの防災教育はその場に立つことであると、私は考えている。私の言葉が２人の生徒にどれだけ伝わり、被災者の思いをどれだけ深く受け止めてくれるかわからないが、鶴見橋中学校が抱えている課題に強い決意で取り組んでくれることを期待した。後日、２人からの手紙が届いた。

先日はお世話になりました。先生のお話は少し難しかったけれど、とてもためになりました。災害の恐ろしさ、時間をかえすこと、笑顔の大切さなど、考えることがたくさんありました。いつどこが被災地になるかわからないのだから、ここだけを被災地だと思わないようにと聞いてからは、まず身近な人から必ず伝えていこうと決めました。自分の命を守るために、より積極的に防災やいろいろな物事に取り組んでいこうと思っています。

吉野桃花

先生が言った「時間をもらったら時間で返す」という言葉がとても印象に残っています。僕もそういう人間になりたいです。東北とのつながりを大切にしていきたいです。それから齋藤先生が僕に「ジャイアン」とあだ名を付けて親しみをもって呼んでくれたことが嬉しかったです。

右田海人

聞くところによると、ふたりは学校を活性化するために仲間を募って毎日のように活動し、卒業前に「鶴中未来宣言」を考案して、後輩に自分たちの意思を託して巣立っていったという。

以下は、「鶴中未来宣言」の前文と宣言である。

鶴見橋中学校は、東日本大震災を受けて、「自分たちにできることは何か」と考え、先輩たちが東北を訪れました。そのとき学んだ「普段のことから真剣に」を学校のスローガンにたくさんの取り組みを行ってきました。決してそのときだけで終わらず、先輩の意思を引き継ぎ、命の学校を目指して何事にも一生懸命に取り組んできました。東北の皆さんからのメッセージ、防災学習会、避難所訓練合宿など、さまざまな活動を通して命の大切さを改めて感じ、たくさんの人と繋(つな)がり、思いを伝えてきました。

２０１５年、阪神淡路大震災から20年を迎えました。これからも私たちは、この鶴見橋中学校をさらに発展させるために、未来に向けて宣言します。

ひとつ、今を大切に、今を一生懸命生き抜きます。
ひとつ、自分の命、周りの命を大切にする活動を広げます。
ひとつ、国と地域、社会、自然、かけがえのないものとの触れ合いを続けていきます。
ひとつ、もしもの時も生きる指導をし、地域の一員として子どもたちを守ります。
ひとつ、感謝の気持ちや思ったことをそのとき言葉にし、行動に移します。

ひとつ、この時代に生まれた人間として、使命感を持って生き抜きます。

２０１５年1月17日　子ども防災プロジェクトチーム一同

ふたりの行動は、学校全体の雰囲気を変えて多くの生徒たちに勇気と誇りをもたらした。自信に満ちあふれたふたりの活動は、ホンモノを求めていた生徒たちの心にストレートに届いたという。自分たちを温かく見守る教師たちの思いを肌で感じながら、その期待に見事に応えようとしていった。生徒たちの行動が、教師たちにも自信と勇気を与えたことは言うまでもない。

２０１５年2月、鶴見橋中学校の木下祐介先生、川島彰允先生、宮脇三歌先生が、再び石巻西高校にやって来た。川島彰允先生は、ＪＩＣＡの青年海外協力隊の経験を生かしてユネスコ加盟の推進役となり、防災教育を命と向き合う教育にまで深化させていた。宮脇三歌先生は、千葉県の東金特別支援学校と連携して「あたりまえ防災体操」をつくりあげた。これは災害弱者を支援する防災教育の可能性を広げた取り組みであった。今でも忘れられないのは、私の話を聞きながらポロポロと大粒の涙を流してくれたことである。生徒のためにこれだけ泣くことができる教師は、その涙の分だけ深い教育愛にあふれている。３人の教育愛にどうにか応えたいと思っていたが、そう遠くない時期に鶴見橋中学校の子どもたちと出会う機会は訪れた。

２０１５年９月、鶴見橋中学校に向かった。講師に失礼がないようにと、椅子を持参して整然と座った状態で講演に臨ませると事前に説明を受けたが、私からは床に座った状態にしてほしいとお願いした。さらに、学校の配慮はありがたいが、静かに聴かせられないのは話し手の力量不足だから気にしないでほしいと伝えた。防災の話を聞くときは、普段のままの状態で臨んでほしいと日頃から考えていたからである。

講演が始まってから、石巻西高の生徒がお互いを高め合いながら、少しずつ笑顔を取り戻していく映像を見せた後に、「生徒を育てるのは誰ですか」と、生徒たちに投げかけてみた。すると、会場の壁に寄りかかっていた生徒が、「俺！」と、しっかりした声で返事をしてくれた。私の真意を深く受け止めたのである。そのひと言で周囲の空気が変わったのをはっきりと感じた。その生徒の反応に対して、その場にいた先生たちも驚きを隠せなかった。

さらに、「自分の学校の校歌を大きな声で歌える生徒はいますか」と投げかけたとき、静かに手を挙げた生徒がいた。それは、生徒たちの心に防災の種が蒔かれたのを実感した瞬間でもあった。予想だにしなかった生徒の反応が、全体にざわめきをもたらし、大きな声で歌う校歌につながったのである。胸を張って堂々と校歌を歌う姿に多くの教員が感動し、涙した。子どもたちからもらった大切な声の余韻にひたりつつ、鶴見橋中学校を後にして新大阪駅に向かった。

防災教育の責任者をしていた木下祐介先生が見送りのために改札口まで同行してくれた。「木下先生は、結婚しないのですか」と、唐突にたずねたところ、「いい相手がいれば結婚したいと思っています」と、少し戸惑い気味に答えてくれた。「そうですか。余計なことを言って失礼かもしれませんが、同じ思いで防災教育を実践している宮脇先生ならば、木下先生と同じ方向を見ているし、相手としてふさわしいと思います」と、告げて改札口を通った。そのときは、何気なく言った自分の言葉がきっかけで２人が結ばれることになった。

後日、生徒たちの感想文が届けられ、講演中に「俺！」と言ってくれた生徒の心の声が聞こえた。

感動した。齋藤先生が若かった。津波のすごさ、迫力を感じた。生徒変えるのはオレ！（２年男子）

また、感想文集の最後に、

１年生の書いた感想のなかに１行も書いていない子がいます。その子を動かしていくことが、私たち教師の仕事です。頑張ります！

と書かれた笠井由美子先生のメモがあった。多くの学校は講演会後に感想を書かせて送ってくれるのだが、今回は１行の感想も書かなかった生徒のことを知らせてくれた。どんな生徒も見捨てないでしっかり見守ろうとする笠井先生の教育愛の深さに打たれた。

また、宮脇先生からも手紙が届いた。

２０１５年２月に東北に行ったとき、大川小学校ではすべてを受けとめきれず、どうしていいかわかりませんでした。自然に涙があふれて立ちつくしていました。子どもたちの笑顔がたくさん浮かんできて、もっともっと生きたかったはずなのにと。私は何をしてるんやろ、もっと真剣に生きようと。きっと大川小学校の校庭に立ったときのことは一生忘れないと思います。そして、私が感じたことを子どもたちにも伝えたいと思いました。鶴見橋中学校の子どもたちのために、お互いが認め合える場をつくろうと思っています。

たとえば、子どもたちのがんばりを掲示板に示すなど、今まではアイデアが浮かばなかったのに、次から次へと湧いてくるようになりました。子どもたちとの時間を大切にしていたら、目の関わり方が大きく変わった気がします。講演中に子どもたちの様子を横から見ていたら、目の色が変わっていくのがわかりました。気がついたら子どもたちをもっと知りたいと思っている自分がいました。最近は、以前よりも私の言うことをスッと聞いてくれるようになりました。今は子どもたちと一緒に過ごすのが楽しくて、限られた時間を大切にしようとする自分がいます。子どもの笑顔は教師のエネルギーというのは本当です。正直なところ仕事を辞めようと思ったことが何度もありましたが、ここまで教師を続けてこられたのは、子どもたちから生きる力をもらっていたからだとあらためて気づきました。

講演会のときに石巻西高校で制作した防災カレンダーを紹介し、鶴見橋中学校でも作ってみてはどうかと提案した。命の教育活動を日常的に実践している学校だからこそ、日々の取り組みの記録としての防災カレンダーが大きな意味を持つことになると考えたからである。震災後の重苦しい日常生活において、学校の話題に少しでもふれてほしいと願って作成した防災カレンダーが、多くの学校で広がることは何ものにも代えがたいよろこびである。多くの被災者は、時間の重さと家族の絆を守りながら、復興の道を歩んできたからである。

２０１４年、鶴見橋中学校が防災甲子園で「教科アイデア賞」を受賞した背景には、体育科で着衣泳、家庭科で非常食づくり、美術で防災ポスター作成、社会科で災害の歴史を調べるなど、ふだんのたゆまぬ取り組みがあったからだ。

２０１７年８月、瓜破西中学校に転勤した木下先生の自宅を訪問し、鶴見橋中学校での人権防災教育について語り合う機会を持つことができた。

（齋藤）鶴見橋中学校に勤務していた当時、石巻西高校を訪問することになった経緯を教えてください。

（木下）２０１６年３月まで８年間勤めていた鶴見橋中学校には、家庭環境や生活面などさまざまな課題を抱えた子どもたちがいました。そんな折、２０１１年に東日本大震災が起こったとき、当時の生徒会のメンバーが、自分たちにできることはないかと模索していました。そして、８月に

人権と向き合う防災カレンダー

生徒会役員と教職員が東北を訪れて、南三陸町でのボランティア活動や岩手県の釜石東中学校との交流会を行ったんです。自分たちが感じたことを全校生徒や地域に発信することで、防災教育に取り組むようになりました。そうすると活動報告を聞いた後輩たちからも声が上がり、「子ども防災プロジェクトチーム」を結成して、防災の取り組みが本格的にスタートしていきました。

石巻西高校とのつながりは、２０１４年８月に３年生２名と教職員３名で東松島市を訪れたのが最初のきっかけです。そのときに齋藤先生に被害の大きかった地域を案内していただき、体験した人にしかわからない生の声を聞いたことで、自分たちの考えが大きく変わりました。その夜に生徒と教職員が一緒になって、大阪に帰って何ができるのかを夜中まで話し合ったのを今でも覚えています。

（齋藤）生徒が中心になって防災教育を推進していくことで、どんな変化が生まれましたか。

（木下）まず何より目の輝きが変わりました。２人とも「伝えたい」、「何かしたい」という衝動にかられているのが、手に取るように伝わってきました。そして、２人の考えに共感した仲間と一緒になって自主的に活動を始めて全校生徒に発信していきました。ホンモノにふれた子どもの言葉には説得力があり、現地に行けなかった子どもたちにもその思いがどんどん広がっていき、学校全体に良いムードが生まれていきました。

その結果、勉強にも真剣に取り組む生徒が増えたり、あいさつの声が大きくなったり、汚い言葉を使う場面が減ったり、学校のなかで次第に笑顔が増えていきました。おそらく、自分たちが当たり前に過ごせていることに感謝し、学校生活で何事にも積極的に取り組む意識が芽生えたからだと思います。

翌年の1月には、阪神・淡路大震災から20年目を迎えたこともあり、防災土曜授業を行いました。

そのとき、代表生徒が「鶴中未来宣言」を作成して、全校生徒に防災の意識や思いを持ち続けてほしいと訴えて卒業していきました。こうして学校として機運が高まりつつあった9月に、齋藤先生から「命の講話」をしていただいたことで、学校全体の意識や行動が目に見えて変わりました。その年の冬には生徒会のメンバーが、石巻西高校の生徒たちが企画した「ハッピータイムカップ」という校内駅伝大会をアレンジして、学年の枠を越えて絆を深めるスポーツ大会を実施するまでに成長しました。石巻西高校を訪問してから1年しか経過していなかったのですが、こんなにも生徒が変わるとは考えられなかったし、学校がこんなに飛躍を遂げるとは想像すらできませんでした。

(齋藤) 子どもたちが成長する瞬間に立ち会えるのは、教師にとって何よりの自信につながります。私が木下先生から学んだのが人権防災教育の考えでした。初めてこの言葉を聞いたときに深い感銘を受けて、その後の語り継ぎ活動を続けるときの大切な視点になりました。

(木下) 鶴見橋中学校は以前から人権教育に積極的に取り組んできた学校です。大阪でこのような防災教育を行うことができるのも、長年取り組んできた人権教育の積み重ねがあったからです。ひとりの生徒も見捨てることなく、さまざまな立場の人に寄り添える心を育み、人と人とのつながりを大切にしてきた人権教育があったからこそ、このような成果につながったのだと思っています。

人権教育は、ひとりの人間の命と存在を大切にする心を養うことが大きな目標ですから、東日本大震災以降に新たに始めた防災教育は、自然と人権教育と同じ方向に向かっていきました。学校全体で議論を重ねていくなかで、災害を防ぐだけでなく、命の尊さに気づかせることから人権防災教育の取り組みとして発展させていきました。人権教育の土台が鶴見橋中学校になかったら、人権防災教育はうまくいかなかったと思います。

また、防災教育をはじめたことをきっかけに、地域の福祉施設でのボランティアや清掃活動、路上生活者への支援活動の参加など、以前からの教育活動にも真剣に向き合うようになりました。このような活動を通して日常の学校生活を見直したことで、自分の命だけでなく周りの命も大切にする意識が芽生えていきました。人権防災教育としたことで、２つの教育活動に相乗効果が生まれ、子どもたちが大きく成長するきっかけができたと思っています。

（齋藤）震災を語り継ぐ活動を続けているうちに、過去の災害のことを調べる機会が多くなりました。そのひとつが関東大震災です。都市型災害の課題はたくさんありますが、現代の世相を見ていて私が特に心配しているのが人災です。災害時には多くの人たちが不安や恐怖に駆られて追いつめられていき、人間としての冷静な判断力まで見失ってしまいます。デマや差別や偏見によって暴徒化してしまった群衆が殺戮に及んでしまうことは、過去の災害の歴史からもわかります。そういうときに「人権防災教育」と出会ったことで大きなヒントをもらいました。こういう時代だからこそ、人権防災教育を学校の教育活動の真ん中にすえることが不可欠だと考えています。

（木下）私もそう思います。大阪のような大都市の防災教育は、他府県の沿岸部などで行っている防災教育と違う視点で取り組む必要があると思います。具体的に言えば人とのつながりです。大阪は人口が多いことで、いじめや不登校などの人災の問題が常に起こります。災害を防ぐのが防災教育ですが、命という視点から大きく捉えた活動が必要です。災害に対する知識や訓練を行うだけでなく、命の意味について深く考えるなかで、自分は必要な存在だと実感できることが大切ではないかと思っています。大阪だけでなく都市部の学校では、日々の授業や部活動の指導、そして生活指導に追われる学校がほとんどです。そういう意味でも命の教育のあり方を見直すべき時期だと考えています。

（齋藤）私が全国で伝えているのは、命と向き合い・命をつなぐ教育を具現化するためのきっかけづくりです。学校のなかで居場所を見失った子どもたちや帰る場所をなくした子どもたちが、社会から疎外されていくような社会体質に危機感を抱いています。当然のことながら若者の自死の問題やいじめの問題にも深刻な影響を及ぼすことにもなります。

　最後になりますが、これからの「防災という教育」のあり方について、木下先生の思いを話してください。

（木下）これまでの教育活動を通じて、何より自分自身がもっとも変わりました。子どもたちが変わる姿、輝く姿を目の当たりにして教育の無限の可能性を感じました。「防災という教育」は、学力とは関係なく誰にでも取り組めますし、むしろ取り組むべきだと考えています。命と向き合うことで命を大切にするという明確なゴールもあります。私が関わってきた子どもたちは、自尊感情や自己肯定感が少しずつ高まり、誰かのために行動できるようになりました。今後も子どもたちの未来を応援できる教師を目指していきますし、何よりも東北の皆さんから受け取った思いや学びをひとりでも多くの大阪の子どもたちに伝えていきたいと思います。

2018年8月、鶴見橋中学校の生徒6名が被災地を訪れた。北本義章校長と2名の教員、子ども食堂を運営する西成チャイルド・ケア・センターの川辺康子さん、そして人権防災活動を推進する地域の方も同行していた。ユネスコスクールの指定を受けている鶴見橋中学校ならではの画期的な取り組みだと感銘を受けた。考えてみれば、これまで防災を切り口にした人権教育に取り組む学校がどれくらいあったのだろうか。複雑な問題と向き合わざるを得ない人権教育に対して、「寝た子を起こすな」と避けてしまいがちな大人が少なくはない。今回の鶴見橋中学校の研修を通して、地域と学校が人権防災という新しいカタチで連携することの重要性をあらためて考えさせられた。

一行は仙台空港でレンタカーを借り、塩釜市で私と合流してから鳴瀬川河口の新町コミュニティセンター跡地に向かった。この場所を選んだ理由は、津波を目の前にしながら逃げようとしなかった大人の経験知と判断について考えるうえで外せない場所だったからだ。

はじめの研修は、旧野蒜小学校の跡地に防災宿泊施設として再建された「キボッチャ」（ＫＩＢＯＴＣＨＡ）で行った。今回の研修では中学生と年齢が近い語り部の雁部那由多君にも協力してもらうことにした。

２ヶ月前に発生した大阪北部地震の避難所開設状況をふまえて、石巻西高の避難所運営の実際を紹介し、実際にあったデマや偏見や風評被害について、大阪北部地震と比較しながら人災が起きる背景について考えてもらった。

そして、学校再開と心のケアについて話すなかで、仮埋葬の事実についてふれ、生と死の境界が希薄になる生活を強いられた雁部那由多君に当時の様子について語ってもらった。毎日の通学路を自転車で通るたびに目にした身元不明者の番号と子どもの死生観について話してもらった。

彼の説明によると、最後の身元不明者の番号がなくなるまで5年近くの歳月を要したという。そして、小学校5年生のときに助けを求めてきた大人を救えなかった負い目について、受け止めきれなかったつらさと時間の重さについて語ってくれた。

仮埋葬場に佇む被災者

そのとき、マスクをつけた女子生徒が、「雁部さんは死にたいと思ったことがありますか」と、真剣な表情で質問してきた。雁部君も私も驚きを隠せずにお互いに顔を見合わせた。雁部君は、しばらく考えてから「死にたいと思ったことはないです」とキッパリと答えた。「雁部君は誰かに震災体験を語ることで、人の役に立てる自分の存在に気づいたんだよ」と、私から言葉を補った。その生徒の質問は、まるで「生きる意味を知りたい」と叫んでいるようにも聞こえた。研修が終了してからもその生徒のことが気にかかっていたが、運命の導きなのか、1週間後に大阪で再会することになった。

悲しみと向き合う力――ヴィクトール・フランクルの教え

鶴見橋中学校が宮城県を訪れた翌週に大阪に向かうことになった。これまでお世話になった白鷺中学校からの依頼で、子ども防災研修会で講演をする機会をいただいたからだ。研修会担当の笠井由美子先生の自宅は茨木市にあり、大阪北部地震の影響で交通網も大きな打撃を受け、ライフラインが止まる不便さを体験していた。それまで人権防災教育を推進してきたこともあり、白鷺中学校でも彼女の思いを共有してくれる仲間も増えてきて、命と向き合う防災教育が浸透しつつあるという。人の縁とは不思議なもので、子ども防災研修会の会場でちょうど1週間前に出会った鶴見橋中学校の生徒と再会したのである。私を見つけると彼女はマスクを外してニッコリと笑って挨拶をしてくれた。

今回の研修会のテーマを「災間を生きる君たちに～心の力と人権防災教育～」にしたことに不思議な縁を感じた。講演の最後にヴィクトール・フランクルの言葉を紹介した。彼の言葉を声に出して読んでいたときに、会場の後方でハンカチで目頭を押さえている女性が目に入った。その方は、以前に鶴見橋中学校の講演会でお会いした高松幸織先生だった。そして、高松先生の涙の理由（わけ）を知り、あらためて命の意味について考えさせられた。

後日、彼女が自身のフェイスブックに綴ったメールの内容を報せてもらった。

　長い夏休みを終え仕事に戻りました。世帯主としての初仕事です。昨日の午後の出張は、久々の電車と人波に息切れしそうでしたが、レジェンドの葛西紀明選手のお話と銀メダルに少し癒されました。

　今日は防災プロジェクトの研修で、東日本大震災のときに石巻西高校で教頭先生をされていた齋藤幸男先生のお話。体育館が遺体安置所になり、そこに自分の叔父さんも運び込まれたという話は、初めて聞いたわけではないのに、名古屋まで夫を引き取りに行った光景が浮かんできて涙が溢れました。

　講演終盤に近づいて来られ、「先程はハンカチをあてておられましたね」と、声をかけてくださったので、

「今月、夫を亡くして……」と答えると、次の言葉が書いてあるラミネートをくださいました。

あなたが　どれほど　人生に絶望しても
人生のほうが　あなたに　絶望することはない。
どんなときも　人生には　意味がある。
なすべきこと　満たすべき意味が与えられている。
この人生のどこかに
あなたを必要とする「何か」がある。
あなたを必要とする「誰か」がいる。
ヴィクトール・フランクル　＊『夜と霧』新版、池田香代子訳より

ＰＴＳＤを乗り越え、ＰＴＧというトラウマ後の成長があるのだそうです。学生時代に人間は螺旋（らせん）モデルで一生成長していくのだと学びました。私もまだ成長していけるのでしょうか。行き帰りに生徒とふれあって少し元気が出ました。午後は久しぶりに学校に行き、先生方と言葉を交わし、葬儀を振り返り、少し元気が出ました。

胸の奥にそっとしまい込んでいた悲しみの深さ、受け止めきれずにいた思いが伝わってきて涙を誘われた。今回のテーマを「心の力」にしたことを思うと、何かの力に後押しをされていたのかもしれない。

つむいだ言葉が歌になる――大阪市立白鷺中学校

２０１９年12月、白鷺中学校防災教育・道徳教育連続講座が開催された。今回の講座では、私から避難所生活と中学生の役割について話してから、歌手のasariさんのミニコンサートにつなげた。

歌手のasariさんは、東日本大震災が発生した当時、宮城県の多賀城市で働いていたが、町を呑み込んだ大津波の難から逃れる体験をしている。彼女は近くのビルへ避難し、たくさんの車が流されていく光景を目の当たりにした。

翌日、がれきや流された車が積み重なるように残っている国道45号線を何時間も歩き続け、どうにか塩釜市の自宅にたどりついたとき、祖母が泣きながら彼女を出迎えてくれたという。

その後、さまざまな葛藤のなかで歌手の道を志す決心をし、東日本大震災の苦難を乗り越えて生きようとする人たちの思いを代弁するかのようにオリジナル曲を世に出し続けている。

今回の講座では、ホームルーム活動で生徒たちがつむいだ言葉を集めて歌詞をつくり、それにasariさんがメロディをつけてオリジナル曲を制作するというプロジェクトも兼ねていた。コンサートが終わり教室に戻って班活動を行いながら、未来に向かって伝えていきたい言葉をつむいでくれた。

ただいま

作詞　asari＆白鷺中学校２学年／作曲　asari

今　迎えた　未来をつなぐ朝
僕らは何を語り継げるだろう
どこかの悲しみで　優しさ知りました
瞬く青春　悩みは永遠のようでも
僕は生きる　僕は生きる
「ありがとう」の「ただいま」を
よろこぶ人がいるから
あたりまえの日々を
生きてるだけでいい
だれかの希望に満ちている
僕らのいのち

今　僕らに正解（こたえ）　出せるならば
ひとりひとりが持ってる　苦しみも壊せる　絆
私は生きる　私は生きる

「ごめんね」の「ただいま」を
待ってる人がいるから
あたりまえの幸せ
感じるだけでいい
だれもがおんなじ空の下
かがやく笑顔
あたりまえの日々を
生きてるだけでいい
明日への希望は無限大
僕らのいのち
大切な場所　大切なこと　大切な人
大切な場所　大切なこと　大切な人
「ただいま」と今日も帰ろう

＊歌詞の傍線部は、生徒たちがつむいだ言葉である。

「ただいま」と「おかえり」——心のふるさとを求めて

これまでたくさんの若者たちが被災地を訪れて、今の自分ができることを学びながら生きることの意味を感じ取ってくれた。そして、多くの人とつながり、表情を輝かせて帰っていくときに、私は「さよなら」と言わないで、「行ってらっしゃい」と声をかけることにしている。すると、私の気持ちを察してくれたのか、子どもたちは何の違和感もなく「行ってきます」と挨拶をして帰って行く。

その後、縁あって再会したときには、私の方から「ただいま」と笑顔で挨拶をすると、「おかえりなさい」と元気な声を返してくれるのである。防災活動を通して、時間と場所を超えて心がつながる感覚は何ものにも代えがたい。こうして全国を回りながら感じるのが、子どもたちにとっての心のふるさとの喪失である。こんなにも世界が近くなり、日本が狭くなったと感じる一方で、心のふるさとがどこか遠くに行ってしまったような虚しさを覚える。

「ただいま」と「おかえり」の挨拶は、自分が訪れた「場」が「心のふるさと」になってほしいというささやかな願いから生まれたものである。

5　南海トラフに備える
――三重編

私は、日頃から災害大国日本の防災のカタチを考えるとき、紀伊半島は極めて重要な地域だと考えてきた。毎年のように台風による豪雨災害や土砂災害、そして南海トラフの影響を直接受ける沿岸部の防災対策について、以前から地域住民の防災意識の向上に関わりたいと思っていた。

２０１５年３月末に宮城県の高校教員を退職してから、全国各地の声なき声をつむごうと歩み始めたとき、自ずと紀伊半島に足を運ぶことが多くなった。

ここからは、三重県と和歌山県との関わりを振り返ってみたい。

四日市支援の会――鬼頭浩文先生

２０１３年３月、四日市支援の会による第16回派遣の東松島市交流ボランティア活動が実施された。被災した子どもたちと遊ぶボランティアを企画した生徒たちは、仮設住宅に交流会の誘いに行ったときの様子を次のように書いている。

「これから他のボランティアグループが活動をしているところに行くので、そちらには行けなくてごめんさい」と子どもたちから断られ続け途方に暮れていました。それでも、ここでくじけるわけにはいかないので、他の子どもたちにも積極的に声がけをしたところ、最終的に11名もの兄弟が私たちの方に参加してくれることになりました。多くの仮設住宅は、一家族に一部屋が割り当てられている程度なのですが、その子どもたちは玄関でつながっている二つの部屋に別れて住んでいました。仮設住宅に入れていただくのは初めてでしたが、台所と洗面所を見ると家族が生活するには狭いだろうなと感じました。不便な暮らしのうえに室内は寒く、「周りに友だちはいるの?」と聞くと、「いないよ」と、寂しそうな顔をしながら言うので、何と声をかけていいのかわからなく、「今日は、いっぱい遊ぼうね」とだけ言って部屋を出ました。昼食を済ませて集会所で待っていると、11名の兄弟たちが来てくれました。仮設住宅を訪問したときよりも、交流会のなかで心を開いてくれました。交流会を終えて、「私たちは、もう帰るのよ」と言うと、「また来てね。今度は、僕たちが三重に行くよ」と、言葉を返してくれました。元気や笑顔を届けるためにボランティアに来たつもりだったのが、逆に元気や笑顔をもらったボランティアでした。

2013年4月、石巻西高校の校長室で初めて四日市大学教授の鬼頭浩文先生とお会いした。鬼頭先生は前年の2月にも中高生防災交流のために石巻西高校を訪問していたという。そのときは、学校の状況を考えると生徒同士の交流は難しいと、生徒会顧問から言われたそうだが、ひとりの生徒から交流を希望する声があがって生徒会役員を中心に交流会が開催された。その後もボランティア活動で被災地を訪れたり、石巻赤十字看護専門学校を訪問したりするなど、精力的に被災地の支援活動を継続してきた。

２０１７年６月、鬼頭先生と対談するために、奥松島にある民宿「山根」に向かった。この民宿も震災で大きな被害を受けたが、これまで利用してきた多くの方々の支援もあり営業を再開していた。

（齋藤）やっと鬼頭先生とお話をする機会が持てました。これまでの被災地支援や高校生の交流では本当にお世話になっています。あらためて感謝いたします。早速ですが、東松島市と関わるようになったきっかけからお話しください。

（鬼頭）実際にボランティアに入るまでは東松島市の実態を知りませんでした。うちの学生が被災状況を見てボランティアに行きたいと訴えてきましたが、「大きな災害ほど簡単にボランティアが入れるわけでない」と、学生には様子を見ておくように伝えました。しかし、いつかは必ずボランティアに行く機会が来るだろうと考えて、みやぎボランティア総合センターに連絡をしておきました。

その後、個人のボランティアではなく、ボラバスといって20人以上の団体のみを受け入れることがわかり、宮城県の社会福祉協議会から宿泊拠点と活動先を紹介してもらい、5月のゴールデンウィークに3日間ほど活動したのが最初です。

（齋藤）そんなに早くからボランティア活動の体制が整っていることは驚きです。鬼頭先生が関わっている四日市のボランティア団体は、かなり前から活動していたのですか。

（鬼頭）団体として災害ボランティアをしていたわけではないですが、三重県は水害が多いので単発的にすることはありました。たとえば、能登半島で地震があったときは、ある程度落ち着いてから仮設住宅を訪問したり、募金を集めたりしました。

今回も学生たちからボランティアを申し出てくるだろうと予想して道具を揃えていましたが、観光バスは入れないだろうと判断して、サッカー部が遠征で使うマイクロバスを準備しました。東松島市を紹介していただいてから宿泊場所を探しましたが、簡単に見つかったわけではなかったです。仙台周辺を含めてほとんどの地域が被災していて、物流が回復しないので食事の提供ができない状況でしたから。

それでも、秋保温泉に1ヶ所だけ素泊まりできるところが見つかり、それならば活動ができると確信して大学側と協議しました。とりわけ、学生の安全をどう確保するのかについて説いていきました。それと同時に学生たちの家族の了解をもらう必要がありました。当時は原発による放射能の問題もあったので、日本海側から福島を迂回するルートで東松島市に入りました。

（齋藤）災害ボランティアに関わるようになったきっかけは、台風などの災害がきっかけですか。

（鬼頭）自然災害というよりも地域活動ですね。地元に伝わる祭りの伝統を守ったり、地域の子どもたちが集まるイベントに参加したり、商店街の活性化に協力したりですね。四日市大学には以前から学生ボランティアの文化があったので、どこかで災害が起きたらすぐに活動する体制はできていました。

（齋藤）地域性と言えば、やはり公害の歴史を背負っていることもありますか。

（鬼頭）そうですね。そもそも大学自体が「四日市」の名を背負っていますので、公害のことを意識しないわけにはいかないです。公害が発生したそもそもの原因は、四日市に港があるという地の利からコンビナートができたわけですし、その経済発展の先に公害を経験したわけです。もっとさかのぼれば、伊勢神宮の存在で日本中からたくさんの人が訪れた経緯もあって、その延長線上で三重県の北部に大学を設置する意識が地域にありました。ですから、四日市市も大学設立時に必要な資金や土地を提供してくれました。いわゆる公私協力でスタートした時点で、社会貢献や地域貢献が大学の特色になったわけです。

（齋藤）三重県と被災地の中高生をつなぐ交流を重視する理由を教えてください。

（鬼頭）泥かきのボランティアのときには、大学生が多く参加していたのですが、仮設住宅の訪問や支援を始めたときから、県内の中高生も参加させたいという声が多くなりました。実際に、仮設住宅で交流会を呼び掛けると、中高生が参加したときの方が反響が大きいんです。何回か交流を続けていくと、初めて参加したと話す被災者が多くなり、そこで中高生の力を感じるようになりました。東北支援に関わった子どもたちが、将来的に三重県に戻って地域貢献してくれるだろうと期待を持つようになりました。地元に帰ってから活動した高校生が話をすると、聞いている人がとても影響を受けるんです。片道12時間もかけて被災地に行く姿を見て、自分たちも頑張ろうと意識するようになるんです。

(齋藤) 確かに、大人としての経験知は少ないけれど、被災体験を伝えたい気持ちは人一倍強いです。中高校生が災害時に果たす役割は、大人が考えている以上に大きいです。その「場」を提供してあげれば、大きな力を発揮することを実感していたので、私もできる限り生徒たちを防災交流や研修会に参加させるようにしてきました。それが三重県との交流につながったんですね。

(鬼頭) 私が石巻西高に行った最初のきっかけは、東松島市の仮設住宅を回っていたときに、三重県から来た高校生が、「こっちの高校生はどうしているのかな」と、口にするようになっていたからです。被災地に来ても同世代の高校生と会うことがないので、高校生同士で交流する意義があると思って、石巻西高校に電話をかけて交流が始まったんです。三重県の中高生を引率した先生が、子どもたちが生き生きと交流をしている様子を見て、「災害のことをあそこまで深く話す生徒の姿を初めて見た」と、交流の意義をすごく感じたんですね。その頃は三重県でも防災活動が盛んになり、防災士の資格取得を希望する大学生も多くなってきたので、日本防災士機構から防災士養成機関の認証委託を得て高校生を関わらせるように検討していきました。たとえば、避難所運営の訓練をするのであれば、避難所運営の経験がある齋藤先生に来ていただければと思っていたところに、生徒を連れて行きますという話になって防災士養成講座の一環として参加してもらうことになりました。

（齋藤）実は、西高生の多くは震災に対する温度差があって学校でも多くを語らないんです。

（鬼頭）確かに、震災後はタブー視されることもあったんですが、学校を訪問したときは三重県の子どもたちと変わらないなと思いました。それでも仮設住宅から通っている生徒もいるだろうとか、家族を亡くした生徒もいるだろうという思いは常にありました。そうだとすると、学校で震災について話したり、友だち同士で話題にするのは大変だろうなとすぐに気づきました。だからといって教育現場として全くふれないままにしておけない状況も理解できました。

（齋藤）そうですね。被害に程度の差をつけることはできませんが、家族を亡くしたり、家が流失したり全壊した生徒などは、聞かれても話しようがなかったと思います。興味本位で聞かれるのは嫌だろうし、聞いたら悪いだろうなとお互いに気遣いながら生活していたので、表面的には普通の学校生活を送っているように見えたはずです。そこで考えたのが、学校を離れて開催される防災交流会や研修会に参加することでした。参加者を決めるときは、将来的にリーダーシップをとれそうな生徒に経験を積ませたいという考えがありました。

一方で、つらい現状から少しでも前に踏み出してもらいたい生徒の参加も期待していました。ですから、四日市大学での交流会に参加した生徒のなかには、高い意識を持って参加した生徒もいましたし、家族を亡くしてつらい体験をした生徒もいました。そして、実際に交流をするなかで自分の思いを語り始めたんです。おそらく鬼頭先生と私の思いが合致したんでしょうね。

（鬼頭）泥かきの作業に関わった学生は、ボランティアに行きながら就職活動もしていたんです。その学生は泥かきだけして卒業しているんですよ。被災地の酷い状況も知っているし、被災者の話を聞かせてもらう経験があっても避難所の生活についてはよく知らないし、その後の復興状況も知らないんです。被災地の全体像について見たり聞いたり考えたりする機会がほとんどないんです。泥かきは詳しくなっても、その部分しか見ていないんです。その次に参加した学生は、仮設住宅の状況を知っているけれども、震災直後の酷い状況は見ていないんですね。外見上は奇麗になってきている街並みを見たり、仮設住宅に入って話を聞かせてもらっても、生活のなかのある部分しか見えてこないんです。地元の高校生と交流して最初に感じたのは、被災地の子どもたちにも同じことがあてはまるのではないかということでした。

たとえば、東松島市の子どもたちは、三陸海岸を襲った津波の違いを知らないけれども、自分が暮らしている地域や生活のことを知っています。交流会を何度か継続していくうちに、被災地の子どもたちだからこそ、災害の全体像を学んだ方が良いと考えるようになりました。それと同時に、三重県から連れて行く中高生や大学生に対しても、仮設住宅への支援はどういう意味を持っているのか、仮設住宅をサポートする社協や行政の仕組みはどうなっているのかについて、しっかりと教えてから活動しないと、三重県に戻ってから活動できないだろうと考えました。その意味で災害の全体像を考える防災士の資格を取得すれば、災害をトータルで学べると確信していました。

（齋藤）人生にはいろいろなターニングポイントがあります。私も震災を語り継ぐ活動をしているときに行き詰まりを感じたり、気持ちが折れそうになったりすることがありました。でも、防災士の資格を取得したことで、語り継ぎのステージが変わりました。広い視野で災害の全体像を考えるようになりましたし、何よりも災害について勉強し直す気持ちが強くなりました。

たとえば、地球温暖化の問題を考えたり、過去の災害の歴史を調べたり、台風による風水害について学んだり、最近では日本の地下水についても勉強しています。人間と水の問題について世界規模、地球規模で考える機会が多くなりましたね。

ところで、これは私の教育観でもあるんですが、学校の教育活動は教えをカタチにすることが大切なので、石巻西高校では防災カレンダーを作りました。そして、三重県でも制作していることを知りとてもうれしかったです。やはり、学校の情報は家庭の茶の間や台所に届かないと効果がないんです。臨時休校に関わるような台風や大雪に対する学校の方針が、各家庭に周知されずに大きな問題につながることもありました。

（鬼頭）そうですね。残念ながら三重県全体としては防災カレンダーはあまり広まってはいないですが、四日市大学を運営する暁学園では定着しています。生徒からの意見で制作されるようになり、毎年のように内容を工夫しながら続いています。学校行事を入れたり、冷蔵庫に磁石でくっつけて毎日眺められるカレンダーが定着してきましたね。その結果、家族同士が話をする機会が増えることにもつながったと喜んでいます。

（齋藤）防災カレンダーには別の意図もあったんです。震災後はどうしても家族の会話が少なくなったし、家庭内での笑い声も減ったんですね。ところが、防災カレンダーを見ながら学校行事や部活動などの話題をきっかけにして家族の会話が増えたんです。できれば三重県内の多くの学校に暁学園の取り組みを情報発信し、地域防災に役立ててもらうとうれしいですね。

（鬼頭）私もあちこち仕掛けてはみましたが、最初は私の研究室にあるカラープリンターで作って配布したんです。カレンダーは毎月めくっていくものなので新鮮さも常にありますし、毎年新しいものも少しずつ盛り込んでいけるので、防災意識の向上と家庭内の絆を育めるすごく良いアイデアだと思っています。

（齋藤）防災カレンダーを通して災害のことを考えるだけでなく、限られた時間で家族がどのように向き合うかを考えるきっかけにしてもらいたいです。

最後になりますが、災害ボランティアの取り組みが認められて国から表彰されたとうかがいました。わがことのようにうれしかったのですが、鬼頭先生はこれまでどれくらいの学生を引率してきましたか。

（鬼頭）最初は、東北に行こうという気持ちを優先しました。２回目以降は参加人数なども意識するようになり、どういう学生が参加したかについて、外部の人を含めて記録をしっかり取るようにしました。２０１７年６月の時点で43回目です。もちろん東北に行く機会が多いのですが、熊本県だけでも7〜8回はボランティアに行ってます。2011年の夏に、三重県の南部、和歌山県、奈良県でも水害があり、1年間だけどこへも行かない年がありましたが、長靴とスコップを持って必ずどこかの被災地に出かけて行きましたね。今のところ延べ数で1500人を超えました。うちの大学は学生数で800人弱の小さな大学なので、学生数の2倍ぐらいの数はボランティアに参加してきたことになります。

国からの表彰は、これまでの活動が評価されたのだと思います。その経緯はわかりませんが、三重県知事が推薦してくださったとも聞いています。表彰式に誰が行くべきかと考えましたが、これは団体として表彰されたものだから学生が行くべきだろうと考えて、石巻西高出身の鈴木昂樹君を行かせました。実のところ、以前にも表彰を受ける機会は何度もありましたが、「表彰されるためにやっているわけではないです」と、学生から言われたこともあったので、受賞はくすぐったい感じがしています。それでも、三重県で災害が発生して犠牲者が限りなくゼロになったときに、あのときの活動があったから救われたんだなと地域の人たちに実感してもらえれば幸いですね。

（齋藤）長良川、木曽川、揖斐川の木曽三川を抱えるこの地域は、常に自然災害と向き合う備えが必要だと実感しています。鬼頭先生を通じて三重県の中高生や大学生と交流する機会が多くなり、たくさんのことを学べることに対して、あらためて感謝しています。

――――――――――――

今でも鬼頭先生との親交は続いているが、四日市東日本大震災支援の会の代表として災害ボランティア活動を推進しながら、三重県全体の防災力向上に果たしてきた鬼頭先生の功績は計り知れない。その活動範囲は東北だけでなく、２０１１年の三重県紀宝町、２０１５年の関東・東北豪雨の栃木県鹿沼市と茨城県常総市、２０１６年の熊本地震の西原村、２０１８年の西日本豪雨災害で被害を受けた岡山県矢掛町での泥かき作業、２０１９年の台風被害を受けた長野市での片付け作業など、三重県の若者たちの支援活動をコーディネートしてきた。２０１６年には、四日市市に設置された学生消防団から多くの学生が特別職地方公務員として地域防災に貢献するなど、将来的に有望な人材が輩出されている。長年にわたり活動が継続されたことで、２０２０年10月の東北での活動で75回を数え、参加したボランティアは、２３００人を超えた。

6　防災のカタチを考える
――和歌山編

私が「新庄地震学」のことを初めて知ったのは、兵庫県立舞子高等学校環境防災科主任の諏訪清二先生との出会いがきっかけだった。諏訪先生によると、防災教育に関して日本一の総合学習を実践している中学校だという。いつか「新庄地震学」について学びたいと思っていたとき、２０１３年１月に代々木の国立オリンピック記念センターで開催された「中学生・高校生による全国防災会議」で一緒に活動する幸運に恵まれた。そのときに出会ったのが新庄中学校の井瀬敦司校長である。

全国防災会議が無事に終わり、小田急線の参宮橋駅近くの喫茶店に立ち寄って防災教育について語り合い、いつか必ず新庄中学校を訪れることを約束した。

ところで、阪神・淡路大震災の経験と教訓を未来に継承するための事業として、毎日新聞社が主催する「ぼうさい甲子園」は、２０１９年度で15回目の開催を迎えたが、２０１４年度に新庄中学校はグランプリを受賞した。全国の小・中学校や高校から１３１団体が参加し、それぞれの学校や地域における防災の取り組みや学習活動などを発表するなかで、新庄中学校の取り組みが高く評価されたのである。

2001年度から総合的な学習の時間などを活用しながら推進してきた「新庄地震学」は、地震のメカニズムや避難の方法、防災対策をグループに分かれて発表したり、地域の防災訓練に参加して救命講習を受講したりするなど、常に地域の自治会と連携してきた。

一方、教育活動のなかで国語班は「防災標語カルタ」、社会班は「新庄地域の過去と現在」、理科班は「地震と津波のエネルギー」、数学・技術班は「凧を用いて情報伝達」、英語班は「青い鯉のぼりプロジェクト」、美術班は「新庄地震学カレンダー」、家庭班は「防災ずきん」、保体・音楽班は「歌とダンスの防災教育」など、より身近な課題に日常的に取り組んできた。

防災劇「Message」——田辺市立新庄中学校

2015年11月、井瀬先生との約束を果たす機会が訪れたが、東日本大震災が発生してからすでに4年8ヶ月もの歳月が流れていた。まさに「人生には時機(とき)がある」ことを実感した。この日、私の生涯で忘れることのできない感動を与えてくれたのが、防災劇「Message」である。

石巻西高校に在職していた当時、生徒や教職員の声なき声をつむぐために『震災を語り継ぐ』を編纂して全国の仲間たちに贈ったが、避難所運営の苦悩が新庄中学校の生徒たちの力で防災劇としてよみがえるとは夢にも思わなかった。

劇のあらすじは、地域を襲った津波の被害で新庄中学校が避難所になり、たくさんの人たちが避難してくるという設定であるが、この劇ができあがるまでの経緯を聞いているだけで涙がとまらなくなった。避難所生活で支援物資を受け取る人たち、見つからない父親を探す少年、はぐれた愛犬の帰りを待つ飼い主、行方不明の友だちを待つ少女、災害伝言ダイヤルに友だちへのメッセージを残した少女など、原作を何度も読み込んで脚本化された作品は、観る者の魂を深くつかみ取るほど完成度の高い作品に仕上がっていた。それでも、果たして自分たちが、震災の劇を演じる資格があるのかどうかと生徒たちは悩んだという。家族を亡くした生徒の役を演じたり、亡くなった生徒の役を演じたり、中学2年生にとってかなり重荷だったにちがいない。

たとえば、亡くなった生徒を演じる生徒は、みんなが稽古をしているときに教室の片隅でつぶやきながら台詞を覚えたという。その生徒たちの姿を想像するだけでも胸が熱くなった。そして、生徒たちは真剣に話し合いを重ねた結果、神戸にある「人と防災未来センター」まで出かけて行き、阪神・淡路大震災について学ぼうと考えついたという。それは、少しでも当事者意識を持ちたいという中学生の純粋な思いの表れであり、それがアルミ缶のプルタブを集めてバス代を捻出するという行動につながったのだという。しかも、私が新庄中学校に来る日に合わせて上演してくれたと聞いたときは、感極まって涙がとめどなくあふれ言葉もなかった。震災劇の最後に、全員が歌ってくれた「ジュピター」とい

観る者の魂をゆさぶる防災劇

う曲を聞きながら、心のなかで何度も何度も「ありがとう」とつぶやいた。

生徒は教師の本気を見抜く――井瀬敦司先生

２０１７年8月、かねてからの念願だった高野山行きは、南海高野線を利用する予定だったが、この地域の地勢を知るためにも車で移動することにした。つづら折りが続く山道を走りながら、九度山を右に左に眺めて登っていった。九度山と言えば、戦国時代の武将の真田幸村が父昌幸とともに謹慎を命ぜられた地であったことにも思いを馳せながら、人生の時機を待つ身の思いを重ね合わせてみた。

その日の夜、明治時代の文学者の高山樗牛の小説『滝口入道』とゆかりのある大圓院で井瀬敦司先生と旧交を温めた。

（齋藤）お久しぶりです、今日はよろしくお願いします。早速ですが、代々木のオリンピックセンターで開催された「中高生全国防災会議」に関わるようになった頃からお話しください。

（井瀬）私が新庄中学校に赴任したのが、２００９年4月でした。前任の校長から新庄中学校が全国的な防災の取り組みに参加するという引き継ぎを受け、全国防災会議の実行委員会に出席したのが最初でした。そして、打合せが終わった後に齋藤先生と2人でゆっくりお話をしたときのことを今でも覚えています。齋藤先生は、その頃から新庄中学校のことをいろいろ知ってくれていて、私から新庄中学校へ来てくださいとお願いしたときに、「わかりました。必ず行きます」と約束をしてくれたので、この機会を待ち望んでいました。

（齋藤）全国防災会議の打合せのときには、お互いがどんな役割を任されるのかを話し合いました。

（井瀬）当時、私は全くの白紙の状態でしたので、どんな役目ができるのか不安に思っていました。

（齋藤）あのときは、ワークショップを実施するために、全国から参加した中高生で編成された班から提出されたアクションプランを文部科学省に届ける提言書としてまとめてほしいと頼まれて、東京都立大泉桜高校と兵庫県立舞子高校、石巻西高校と新庄中学校が作成委員会の担当になりました。


ところが、実際に活動が始まってみると、膨大なアクションプランが提出されてしまったので、生徒たちは何から手をつけていいかわからなくなって混乱してしまったんです。そのうちに夜も更けてしまい、ひとりの高校生が、「明日やりましょう」と弱音を吐いてしまったんです。しかし、次の日に提言書を発表する時間までに間に合わないと思ったので、「私はこの場を避難所だと思っている。今、やらなければ間に合わない。朝までつきあうから」と、私が厳しめの口調で言ったら、その場の空気が変わったんです。そうしたら「僕はやります」と、新庄中学校の生徒が緊張した表情で答えたんです。あの瞬間から生徒たちの覚悟が決まったと思うのですが、井瀬先生はどのように見ておられましたか。

（井瀬）予定の活動時間が過ぎて、生徒たちの感覚では予定の時間がくれば終わりだという雰囲気がありましたね。ところが、齋藤先生から「ここは避難所だ。とことんつきあうから」と言われて、全国から集まってきた代表者としての立場を自覚したのでしょうね。２００人以上の参加者の意思をまとめられなかったらどうなるんだと。そういう使命感をはっきりと自覚したのは、夜の10時過ぎだったと思います。そこからスイッチが入ったと思いますし、そこからがスタートだったんです。

（齋藤）そして別の部屋に移されて提言書の作成作業を続けて、夜中の2時を過ぎた頃には生徒たちの目がますます輝き始めました。そういう集まりに新庄中学校の生徒がいたことは、大きな意味があったと思います。

（井瀬）そうですね。年上の高校生に何とかついていこうと思っていたのでしょうが、今振り返れば中学生がそばにいることで、別の意味で高校生に刺激を与えたのかなと思いますね。それと、何か一緒になって共同作業をする喜びを感じ始めた気がしましたね。

（齋藤）いつも思うのですが、われわれの仕事は活動の「場」を与えることだと考えています。異年齢や異校種の立場の子どもたちが、一緒にいるだけでも何か影響し合うものがあります。それにしても、最終的に5つの提言書にまとまったときの達成感はすごかったですね。新庄中学校の生徒たちの表情を見てどう思われましたか。

（井瀬）そうでしたね。中高生全国防災会議には、国内だけでなく国外からの参加者もいたので、言葉の1字1字がすごく洗練されましたが、同時に言葉の重さを感じていたので、自分たちの力だけでまとめることは容易ではなかったですね。この言葉は削るとか換えるとか、生徒たちはかなり苦戦していましたから。「その人の気持ちを何とか汲み上げていこうよ」と、ひとりの生徒が言った言葉が、今でも印象に残っています。削らなきゃダメだと思う反面、その思いを削りたくないという葛藤が伝わってきました。

（齋藤）５つの提言書をまとめてから安心して眠りについたのですが、翌日の朝に大泉桜高校の生徒が私のところに来て、「今回の集まりには聴覚支援学校の生徒たちも参加していますよね」と言ってきたんです。彼女は提言書の最後に手話でメッセージを送ることを思いついて、手話の練習をしたいと申し出てきたのです。その表情を見たときに、難しいハードルを越えて「ひとつ上」の自分に成長してくれたという手応えを感じました。だからこそ、提言書を発表したときの感動が参加者全員に伝わったのだと思います。

（井瀬）前日まではアクションプランをまとめることに集中していたんですが、齋藤先生から「この原案にこだわることはないよ」と言われたときに、それぞれが大切なものを感じ取ったのだと思います。自分たちの言葉で提言書を作り上げなさいということを示唆されたのですね。起草委員会のメンバーは、それぞれが伝える言葉の意味をかみしめながら壇上に立ったと思います。すごい使命感を帯びた表情をしていましたね。

（齋藤）手話を提案した生徒の心の成長が、あの全国防災会議の成果を象徴していましたし、そのときから新庄中学校と石巻西高校とのつながりが深くなっていきました。

（井瀬）私が新庄中学校に赴任して3年目の文化祭で、齋藤先生が二度目に来ていただいたときに、雁部那由多君たちが書いた『16歳の語り部』を紹介してもらいました。すぐに取り寄せて一気に読み、子ども目線の震災について、報道では伝わらない現実を教えてもらいました。ちょうど、夏休みに田辺市内の中学生を集めて防災のリーダー育成合宿をしようと考えていたので、雁部君に田辺まで来ていただけないかお願いしました。今でも忘れられないのですが、彼はひとりで新幹線を乗り継ぎ、その日の夜の講演に間に合うように、早朝から出かけて来てくれたのです。宿泊用の荷物と参考書を詰め込んだ大きなリュックを持ち、新幹線のなかで勉強しながら田辺まで来てくれました。

（齋藤）雁部君はとても誠実な若者です。最近は、防災講演会やワークショップなどで一緒に活動することが多いのですが、彼から学ぶことがたくさんあります。わが国の防災のあり方を考えるときに、雁部君は有為（ゆうい）な人材に成長すると確信しています。

ところで、私が初めて新庄中学校を訪れたときのことをうかがいます。あのとき生徒たちが演じてくれた防災劇『Message』について、詳しく教えてもらえませんか。

（井瀬）「新庄地震学」というのは3年生の総合的な学習の時間の課題ですが、1年生では地域学習、2年生では演劇をやってきた経緯があったので、防災に関わる劇を演じて3年間で一貫した学びにさせようと考えました。初年度に上演したのが「稲村の火」で、2年目は串本沖で遭難したトルコのエルトゥールル号の史実を脚本にしました。3年目に石巻西高校で編纂された『震災を語り継ぐ』の高校生たちの手記をもとに脚本化しましたが、まだホンモノの息は吹き込まれていませんでした。出演者の名前は生徒A、タイトルも空白のままでしたからね。結局のところ、劇の題名は生徒たちで考えることになりました。９月になってからの学年集会で、学年主任から演劇の話を生徒に伝えながら、できたばかりの脚本を読み上げて披露し、この劇をやるかどうかを投げかけてみました。このとき生徒たちは、これはすごいことになるぞと先生たちの熱意とともに強く感じたようです。そこから生徒たちの役割は一気に進んでいきました。劇の題名は、ひとりの男の子が脚本の内容に絡めて、亡くなった登場人物が最後に残した「今度会ったら、仲直りしようね」の言葉から、『Message』はどうかと提案して全員一致で決まりました。これでようやく劇にホンモノの息が吹き込まれたんです。

（齋藤）あの演劇を観たときは、身体が震えるような感覚になりました。震災当時のさまざまな場面が浮かんできて、言葉では言い尽くせない思いが込み上げてきました。そして、これまで積み上げてきた新庄地震学が、「ひとつ上」のレベルまで到達したのだなと思いました。井瀬先生がめざしている「新庄地震学」が、命と向き合える生徒を育てる教育なのだとあらためて実感しました。

（井瀬）生徒たちは日々成長します。子どもと呼ばれる時期から大人に向かっていく。中学生は思春期のアンバランスな時期を過ごしているんです。中学生の段階で受けた経験、そのときに体験した感動は、生涯にわたって大きな影響力を持つんです。自分が誰かの役に立っている、周りの人が自分の存在を認めてくれているとわかったときに、子どもたちは大きな力を発揮します。防災教育を通して、私の方が子どもたちからたくさんのことを教えてもらいました。

（齋藤）最後に、これからの学校現場では、多くの教員がいじめや自死などの深刻な問題に直面すると思います。井瀬先生から若い先生のためにアドバイスがあればお願いします。

（井瀬）教師という職業は苦しいですね。なかなか思い通りにいかないし、子どもたちは思うように動いてくれないし、ときには裏切られたと感じることもあります。それでも、こうして思い起こしてみると、子どもたちはどの場面でも純真な気持ちで教師のことを見ていましたね。教師の本気度を鋭い目で見抜いていたと感じています。どうして防災劇が成功したのかを考えてみると、教師の本気度が子どもたちの心に火をつけたからだと思います。子どもたちは、演劇の稽古が始まる前に必ず掛け声をかけ合ってから始めていました。演じる者だけでなく道具や衣装などの裏方に徹する者がひとつになり、誰ひとり異議を唱えたり足を引っ張ったりしませんでした。

子どもたちにどこまで向き合えるかを自問自答し続けるのが教師という職業だと思います。私が長い教員生活で喜びを感じたのは、投げたボールを打ち返してくれる子どもたちがいてくれたこと、いつも寄り添いながら育てる教職員がいてくれたことです。

7　九州とつながる
――福岡編

そして、学校が変わる――福岡県立福岡講倫館高等学校

　２０１３年4月、石巻西高校の事務職員が福岡県からの電話を取り次いだ。電話の相手は福岡県立福岡講倫館高校の泉大介校長である。電話の用件は、翌年12月の修学旅行で石巻西高校との交流をお願いしたいというものだった。それまでいくつかの高校に打診したが受け入れてもらえず、最後に選んだのが石巻西高校だったという。聞くところによると、宿泊予定のホテルから石巻西高校を紹介されたらしい。ホテルの従業員がなぜ石巻西高校の状況を知っていたのかわからなかったが（後日その理由を知ることになる）、福岡県との関わりはここから始まった。

　当時は、防災教育の一環として被災地の修学旅行を検討している高校があることを知ってはいたが、学年全体で訪れる学校はないだろうと思っていたので、私にとっては驚きであった。さらに、旅行業者が被災地での研修を計画しても、「フクシマ」を通過して宮城を訪れることを不安視する声が強かった時期でもあり、そうでなくても現実的に受け入れる余裕のある学校はなかった。受話器を置いてから教職員に修学旅行受け入れの話を持ちかけたところ、３年生の学年主任が進路が決

定した生徒と交流をしてはどうかと助言してくれた。

２０１４年６月、泉校長が修学旅行の事前視察に来ることになった。ちょうどその日は、石巻西高校の体験型防災学習の日で、泉先生には朝の職員打合せに出席してもらったが、受け入れに対する感謝の挨拶と教育にかける思いに多くの教職員が心を動かされた。この日は、実際の訪問先とスケジュールを確認してから大川小学校を案内することにした。震災前に子どもたちが元気な姿で走り回っていた校庭にたたずみながら、泉先生から「生徒全員を是非ともこの場所に連れてきたい」とお願いされた。

当時は、修学旅行隊が8台ものバスを連ねて大川小学校を訪れることに対して、遺族への配慮もあり遠慮する雰囲気が残っていたが、泉校長の思いにどうにかして応えようと調整することにした。

同年12月11日、いよいよ修学旅行隊が宮城県に到着した。思えば、九州の高校が学年全体で被災地を訪れたのは講倫館高校が最初ではなかろうか。石巻西高校が九州とつながる第1歩はこうして始まったのである。

当日は、さまざまな状況を想定して移動手段を考えた結果、8台のバスを3方面に分けながら時間差をつけて大川小学校を訪れる方法を選んだ。ひとつは雄勝硯生産販売協同組合方面で私が担当した。もうひとつは矢本運動公園の仮設住宅方面で中澤宏一教頭が担当した。大川小学校は遺族で教員でもある佐藤敏郎先生にお願いした。３人が定期的に連絡を取り合いながら、バスが1ヶ所に集中しないように配慮した。

後日、講倫館高校の2学年主任の飯塚雄一郎先生に聞いたところ、大川小学校に降り立った生徒たちは、バスから降りると言葉を失ったという。なかには涙をこらえながら献花し、生徒全員が静かに目を閉じて手を合わせていたという。

その後のコース別研修では、女川研修から旧門脇小学校のコース、石巻赤十字看護専門学校を訪問するコースもあったが、はじめに全員で大川小学校を訪問したことで、生徒たちは敬虔（けいけん）な思いで研修に臨むようになったという。

翌日は石巻西高で開会行事と全体研修を行ったが、遺体の安置所・検視所にもなった体育館に響きわたる復興ソング「花は咲く」の歌声は、石巻西高校の生徒たちの心にも静かに深く届いた。記念品としていただいた博多人形は、今でも事務室前のケースに展示されている。

私からは、全体講演のテーマを「生かされて生きる」にして、次に予定されているワークショップにつなげる内容を話した。そして、ワークショップのテーマは「震災を語り継ぐ」とし、西翔会館、図書室、被服室、作法室、調理室などの特別教室に分かれて交流を深めることになったが、翌年の3月末で退職の日を迎える私にとって、若者たちの交流の種を蒔（ま）くことができたことは幸いであった。

安置所になった体育館での交流会

２０１６年11月、福岡地区の教員研修会での講演が終了してから泉大介校長と飯塚雄一郎先生と旧交を温めることができた。修学旅行を実施するまでの苦労談や、その後の生徒の様子や保護者の声についてうかがうことにした。

（齋藤）修学旅行で被災地を訪問させようと考えたのはいつ頃からですか。

（泉）1年生が入学してから数ヶ月ほど経った頃でした。翌年の修学旅行について、東北方面か台湾方面かを検討してほしいと学年主任に伝えました。私は学校運営の基本に道徳教育を考えていましたので、その教えを体験活動や学校行事で実践したいと思ったからです。自分たちの普段の生活が決して当たり前ではないということを被災地の方から学んでもらいたい。そのなかで感謝の気持ちを育んでもらい、そして奉仕の心を学んでもらいたいと考えていました。

（齋藤）学年主任として校長の意向を聞いたときに、学校の状況から考えてみてどうでしたか。

（飯塚）ふたつの修学旅行先について、校長先生から被災地のリアルな写真集を見せてもらいました。私自身は震災前の東北に行ったことはありますが、震災後は報道で伝えられる程度のことしかわからない状態でした。自分の知っている世界は氷山の一角であり、リアルな現実を直視できるタイミングは今しかないという思いはありました。学年のなかには学生時代にボランティアで被災地に行ったり、実際に訪問した経験のある教員もいたので、話し合いを進める過程で学年の方向性が形成されていきました。

(齋藤) 飯塚先生が社会科の教員だったことも少しは関係がありましたか。

(飯塚) 確かに、社会科で教える物の見方や考え方は大きく影響していたと思います。東日本大震災は歴史の１ページに必ず残るものですから、現地に足を運ぶこと自体に大きな意義を感じていました。私の出身は茨城県なので、震災の様子がダイレクトに耳に入ってきましたし、命の大切さを考える機会は多かったです。

(齋藤) 修学旅行をきっかけにして、人としての生き方を考える機会にしたかったわけですね。

(飯塚) それでも放射能や安全面での反対もあったので、本当に実現できるのかどうかと心配していました。

(齋藤) 実際に修学旅行を実施するにあたって、越えなければならないハードルがあったと思いますが、いつ頃から具体的なスケジュールを考え始めたのですか。

(飯塚) 前例がないものですから、方針が決まっても具体的なアイデアがまったく出てこなかったんです。５月の段階では宮城県がいいかなとか、福島はちょっと無理だろうなと考える程度でした。

(齋藤) 石巻西高校とはどういうきっかけでつながったのですか。

(飯塚) 宮城に行った経験のある業者にモデルケースを提示してもらいました。私としては、高校生同士の交流を実現させたい思いがあり、それが可能な学校を探してもらいました。

(齋藤) 石巻西高に電話が入ったのはそういう背景があったのですね。

（泉）正直に言って石巻西高校は3校目でした。1校目は宮城県農業高校でしたが、校舎が流されてしまって仮校舎なので、修学旅行隊の受け入れは無理だろうと言われました。2校目が宮城野高校でしたが、学校の事情で対応できないという回答をもらいました。

（飯塚）ふたつの高校から断られたショックがありましたが、宿泊予定のホテルの方に聞いて石巻西高を紹介してもらったんです。

（齋藤）後でわかったのですが、かつて私が勤務していた仙台一高の保護者の知り合いの方で、私ともいろいろなつながりのある方でした。それを知ったときには運命の巡り合わせを感じました。

（泉）ある日、旅行業者から連絡があってから恐る恐る電話をしたわけです。これで断られたらもう終わりだと思っていました。

（齋藤）電話をいただいたときは、九州から修学旅行で被災地に来る学校はないだろうと思っていたのですっかり驚きました。当然のことながら、保護者の理解も得たうえで来るのだろうから断れないだろうなとも考えていました。

（飯塚）石巻西高校が東京や他県からの中高生を受け入れた情報は得ていました。でも九州からそちらに行った前例もないし、こちらの思いが伝わらなかったらどうしようと学年全員で相談しました。

（齋藤）それは受け入れる側も同じで、詳しい内容は任せてくださいとは言ったものの、責任の重さを感じていました。その後、泉先生が視察にいらしたときに、大川小学校の校庭で「何とかして全員をこの場に立たせたい」と仰った言葉を深く受けとめ、どうにかして実現させようと思いました。

（泉）テレビや新聞などで何度も大川小学校を見ていましたが、実際にあの場所に立ってみると、津波で犠牲になった児童たちや先生方の無念を魂で感じました。そして、生きる意味について考える機会にするのは申し訳ない気持ちがあるのですけれども、全員をこの場に連れて来たいと決心しました。

（齋藤）泉先生が石巻西高に来られた日は、ちょうど体験型防災学習の日でした。地域の方を招いたり、クラス毎に移動して講義を受けたり、防災体験などを行いましたが、ご覧になっていかがでしたか。

（泉）体験型防災学習は、震災から学ぶ姿勢を具現化する行事だと思いました。各方面から素晴らしい講師を招いていることからも、地域の方々を大きな教育財産として考えていると感心しました。

（齋藤）ひとりで震災の教訓を語り継ぐには限界がありますから、いろいろな被災体験をした方の理解と協力が不可欠でした。

たとえば、佐藤敏郎先生には大川小学校でずっと待機してもらいました。当時は、８台のバスが大川小学校を訪れるのは、遺族への配慮から控えるべきだと考えました。

（飯塚）震災が起きてからまだ3年目でしたので、遺族の方に話をしてもらっていいのか迷っていました。以前に下見で訪れたときも、新北上大橋を越えた瞬間から言葉にできない雰囲気を感じました。

今回は時間差をつけて大川小学校に行けましたが、そこに生徒たちの意識がついていけないのではないかと心配していました。しかし、当日になってバスが現地に着くと、生徒たちの表情が明らかに変わりました。前日までは細かく指示しないと動かなかった生徒たちが、あの場所に降り立った瞬間に何の指示も必要なくなったんです。命に対して真っ直ぐな気持ちで向き合い、自分の心に正直に行動した結果がそうさせたんです。

（齋藤）大川小学校では多くの説明が要らないんです。「時」と「場」を与えてやれば、「あの日」の子どもたちの声が聞こえてきます。泉先生には生徒たちの表情はどのように映りましたか。

（泉）学年主任が言った通りですね。佐藤敏郎先生から発せられた「福岡からお兄さんやお姉さんが来てくれたよ」という言葉で、すべてが変わりました。

（齋藤）その後、石巻西高校に着いてから最大で約700名もの遺体安置所になった体育館で交流セレモニーを行ったことにも、私なりの思いがありました。あのとき講倫館高校の生徒たちが歌ってくれた復興ソング「花は咲く」は、学校にとっても1歩前に踏み出す力になりました。

（飯塚）生徒たちは純粋なので、大切な物事を受けとめる目線はみんな同じだったと思います。ホテルに戻ってから生徒たちの顔を見ているうちに、修学旅行の目的を再確認することができました。

（齋藤）高校生同士の交流はどうでしたか。石巻西高生は3年生が対応したはずです。

（飯塚）時間が充分に取れなくて深いところまで話せなかったようです。しかし、小学生のときに福岡で暮らしていた西高生がいて、福岡の話で盛り上がっていました。震災を経験しても明るく懸命に生きている強さを共有できて、どの会場も楽しそうでした。

（齋藤）防災交流では不思議な出会いがあるんですよね。その後、無事に東北での研修を終えて学校に帰ってから、生徒たちの日常生活はどのように変わりましたか。

（飯塚）こまかい指導の必要がなくなり、自分で考えて行動できるようになりました。たとえば、翌年の体育大会では震災を体験した人たちに捧げる歌をつくったんです。それに伴って教員の指導も変わっていきました。

（齋藤）やはり、教師を育てるのも生徒なんですね。生徒を育てるのは生徒、つまり生徒同士が高め合う姿が教師の意識を変えたんですね。

（飯塚）学校に帰ってきてから生徒の視野が広がりました。これまでは、生徒たちの意識のなかに東北に行くイメージがなかったんです。そして部活動や進学面でも予想以上の結果が出ました。修学旅行の体験をもとに自分の生活のなかに心の軸ができたんだと思います。

たとえば、齋藤先生から小論文の添削指導をしていただいた放送部の生徒は全国大会に出場しました。今、彼女は大阪芸術大学に通っています。大川小学校での視察や石巻西高校との交流を通して、伝えることの大切さを学んだと言っていました。そして、伝えることを自分の人生のテーマにしようと大阪で劇団に入り、ラジオ番組にも参加しています。それから講演のなかで見せてもらった「ハッピータイムカップ」の映像は、生徒たちにとってかなり驚きだったたったようです。本校のサッカー部の連中が、実際に石巻西高校のグラウンドを見たときに、「こんなところでサッカーをやっていたんだ」と驚いていたんです。西高生たちは環境の悪さをバネにして頑張っているとわかったんです。

実は、大川小学校で佐藤敏郎先生に話をしてもらっていたときに、普段の授業では後ろの方にいるサッカー部の生徒たちが、一番前に出て話を聴いていたんです。彼らが講倫館高校で初めて県大会に出場したメンバーなんです。福岡県はサッカーのレベルが高いので、九州大会に出るくらいの結果を残してくれました。

（齋藤）大切なのは生徒同士が高め合う力なんですね。練習環境や指導者に恵まれないから勝てないと言い訳をするのではなく、自分に与えられた環境で懸命に努力すれば結果がついてくることを証明したんですね。ところで、修学旅行で東北を訪れたことで、生徒たちの進路意識が変わりましたか。

（飯塚）まず、受験する地域が広がりましたね。地元だったら福岡大学と西南学院大学を希望する生徒が多いのですが、東京や大阪や京都などの大学にも進学する生徒が出てきたこともあり、これまでの進学実績として最も高い結果を残しました。やはり、東北の修学旅行が大きな起点になったのは間違いないです。あのときから生徒たちが変わったと、引率した教員も話しています。

（齋藤）生徒が結果を残したことで教職員の意識も変わったんですね。保護者の反応はどうでしたか。

（泉）修学旅行後の保護者会で、「子どもを東北に連れて行ってくれて本当にありがとうございました」と、感謝の言葉をいただきました。ある生徒は泣きながら大川小学校の様子を語ってくれたそうです。また、石巻西高生との交流も涙ながらに語ってくれたそうです。わが子の変化に親が感動し、素直に生きることの大切さに気づいたと話してくれました。保護者の思いが先生方にも伝わり、東北の修学旅行に連れて行ってよかったと実感しました。生徒を修学旅行に連れて行き、保護者から感謝の言葉をもらったのは教員になって初めてでした。

（齋藤）教育の成果はなかなか見えてこないものですが、学校行事で保護者から感謝の言葉が返ってくるのはめったにないことです。講倫館高校の修学旅行に関われたことで、私も大切なことを学びました。

（飯塚）はじめは東北の修学旅行に行きたくないと言っていた生徒もいました。修学旅行は娯楽の要素が大きい行事だと考えている生徒もいますから、そういう声があるのは当然でした。行かないで返金する選択肢もありましたし、学年主任としてはモチベーションのコントロールに気をつかいました。それでもクラス担任が修学旅行の意義について熱く語りながら、一生懸命に準備している姿を見ているうちに、生徒たちの意識も日に日に変わっていきました。

たとえば、現地で話をしてくださる小野竹一さんや安倍志摩子さんには、クラス担任が電話で直接講師依頼をしてくれたんです。教員自らが関わろうとする雰囲気があったので、現地に行ったらきっと変わるだろうという確信はありました。

（泉）私は校長として旗を掲げただけです。これまでの修学旅行と異なるコースを選んだ学年の先生方や保護者の温かい理解に感謝するだけです。

（齋藤）何と言っても保護者に感謝すべきですね。自分の子が気乗りしなければ、保護者としても参加の承諾を迷ったでしょうから。やはり、生徒と保護者と教員の心がひとつになったことで大きな感動につながったんですね。

もうひとつの使命を果たす——養護教諭と心のケア

２０１９年11月、遅めの朝食をすませてから地下鉄空港線を乗り継いでスポーツ科学情報センターに向かった。私にとって全県規模の養護教諭研修会で講演をするのは初めてだった。東日本大震災後に語り継ぎ活動をしようと決心したときから、私には果たさなければならないもうひとつの使命があった。それは「心のケア」の取り組みと、学校での保健室の重要性を伝えることである。学校の教育活動における保健室が果たす役割について、東日本大震災のときの具体的な取り組みをひとりでも多くの養護教諭に伝えたいからである。今回の研修会を依頼されてから、少しずつ養護教諭の歴史について調べてみることにした。養護教諭の前身は、明治末にトラホーム対策要員として配属された学校看護婦までさかのぼり、後に養護訓導と呼ばれる教育職として認められるようになったのは１９４１年のことである。

私の記憶にある養護訓導と言えば、１９２２年に宮城県南部を流れる白石川で溺れかけた生徒を救出しようとして殉職した小野さつき訓導である。現在の宮城県蔵王町立宮小学校に赴任してわずか2ヶ月余りのことだったという。川で溺れた教え子を救おうとして殉職した話題は全国に広まり、作曲家の山田耕作によって「小野訓導の歌」として世に残された。

２００５年4月、教頭として初めて赴任した白石女子高校は、殉職した小野さつき訓導の母校であり、ちょうど白石高校と白石女子高の統合共学化に取り組んでいた時期でもあった。白石女子高校には、宮城県で唯一の看護科・専攻科が設置されており、赴任した当初から常に命と向き合う生徒たちと関わる機会が多くなっていった。その頃から、生徒の存在をまるごと受容する「母性」が子どもたちを救う大きな力になると感じていた。

戦後の養護教諭の歩みと業務を調べてみると、学校のなかで保健室がどのような場として機能してきたかがよくわかる。たとえば、１９７０年代というのは、学習指導要領が改正され、再び詰め込み学習が重視されたことで、落ちこぼれや非行問題が社会問題になった時期である。当時は新幹線授業とも呼ばれるような詰め込み教育で、私もこのときの教育を受けたひとりである。１９７０年代の後半から、いじめや登校拒否の問題が社会問題になり、国の教育施策は道徳や特別活動を重視したゆとり教育に舵（かじ）を切った。それに伴い養護教諭の業務も子どもたちの心に寄り添う教育者としての比重が大きくなったのである。

その後、平成の時代にスクールカウンセリング制度が導入され、阪神・淡路大震災をきっかけに災害後の心のケアの問題がクローズアップされてきたことを考えると、養護教諭とカウンセラーが学校現場にとって不可欠な存在であり、保健室がケアと教育の両面に関わる場として変化してきたことがわかる。このように考えてみれば、心のケアを必要とする子どもたちにとって、保健室が「心の居場所」となっていったのは必然の流れだったと言える。

東日本大震災以降、学校現場における養護教諭の存在は母性の象徴であると、私は考えている。なぜなら、家庭の生活基盤が崩壊して自分の居場所を失ったり、人間関係の不安に押しつぶされている子どもたちにとって、近くにいるだけで安心感を与える養護教諭の存在は、心の救いになるからである。そういう意味では、震災後に学校が再開してから養護教諭２名とカウンセラー２名の計４名体制で心のケアの課題に対応できたことは、学校としても救いであった。

今回の研修会では、２０１１年６月と11月の年に２回実施したアンケートの分析結果をもとに、子どもたちの心と向き合った教職員の取り組みを通して、養護教諭の立場を再認識してもらおうと考えた。また、このアンケート様式が阪神・淡路大震災のときに作成されたものをモデルにしていることを思うと、先人の思いと教訓を受け継ぐことがいかに大切かを証明することにもなった。

保健室のあり方が問われる時代

今回は、心のケアのワークショップとして、次のような質問項目を準備した。対応はあくまでもひとつの例である。

「心のケア」に正解はない。災害が発生したときは、自分の心が傷ついたり、生きる希望を見失いがちになったり、人を信じられなくなったりと、考えられない精神状態になることが多くなります。そこで大切なのが、「心のケア」です。今の自分の立場で想像しながらみんなと話し合ってください。

【質問1】避難者の中には、子どもや高齢者の方がたくさんいました。特に、子どもの心のケアでは、どんなことが大切だと思いますか。

（例）一緒に遊んだり本を読んであげたりして、子どもたちと共有する時間をできるだけ多くとる。ストレスがたまらないよう、無表情にならないように子どもたちの様子を注意深く見守る。

【質問2】避難所運営で学校全体が落ち着いていなかったにもかかわらず、野球部員が部活動をさせてほしいと申し出てきました。あなたならばどう対応しますか。

（例）基本的には活動を認める。生徒たちが元気な声を出して活動する光景や笑い声が聞こえる状況は、避難している人たちが日常生活を思い出し、前に向かう力を与えることになる。

【質問3】学校が再開した頃、ボーッとして授業中に集中できない生徒が増えてきました。あなたが、教師だったらどのように指導しますか。

（例）子どもたちは、精神状態が不安定になり、集中できない状況になっているので、優しく声をかけて安心して授業を受けられるような雰囲気づくりをする。

【質問4】被害状況の差によりクラス内でも気持ちに温度差が出てきました。学校としてどのように対応すれば良いと思いますか。

（例）温度差が出るのは自然のことなので、全体の場ではとりたてて注意をしない。しかし、配慮すべき生徒に対しては、カウンセラーや養護教諭と協力しながら指導にあたる。

【質問5】体育館が遺体の仮安置所・検視所となったことや、震災で9名の在校生と2名の新入生が犠牲になったことを生徒に伝えた方が良いと思いますか。

（例）時期や方法は状況に応じて決めるが、悲しみと向き合うために喪の儀式は必要である。ただし、趣旨が理解されるように、教職員間の共通理解を図りながら、保護者、生徒たちにも充分に説明する。

【質問6】授業中にひとりの生徒が震災当時を思い出し、通学途中で遺体を見たことを話し始めました。あなたが授業の担当教員だったらどのように対応しますか。

（例）感情を封じ込めるよりは、授業を中断してでもみんなで耳を傾けてあげる指導をする。

【質問7】授業が再開してから「何のために勉強をするのかわからない」と、打ち明けてきた生徒に対してどのように対応しますか。

（例）学ぶ目的や生きる意味を見失うことが、学校として最も懸念すべき問題なので、居場所や共感できる場をつくりながら自尊感情や自己有用感を育めるようにする。

【質問８】震災で家族を失った生徒がいました。日常生活では元気そうだったので安心していましたが、次第にクラスに入れなくなっていきました。クラス担任だったらどのように関わっていきますか。

（例）生徒同士が関わる場をつくったり、学校やクラス内での居場所を探してあげる。同時に、カウンセラーや養護教諭と相談しながら、家庭にも状況を伝えて連携する。

【質問９】つらいことや悲しいことがあったけれども、支援してくれた人たちに感謝の気持ちを伝えたり、地域に貢献しようとする気持ちが強くなった生徒が多くなってきました。このような心の変化にどのように対応していきますか。

（例）経験知が少ない子どもには、悲しみと向き合う力や希望を持ち続ける力が備わっているので、語り継ぐ場を与えながら、つらい被災体験から一歩前に歩き出せるように指導する。

【質問10】震災から１年以上も経過した頃に、テレビで広島の土砂災害の映像を見て亡くなった家族を思い出した生徒がいます。あなたが教師だったらどのような対応をしますか。

（例）ＰＴＳＤの可能性が高いと判断し、専門機関や医療機関と連携してすぐに対応する。また、生徒が震災の状況を思い出す可能性が高いので複数の教員で生徒の様子を見守る。

今回の研修会を担当した小倉西高校養護教諭の藤本幸恵先生の感想を紹介したい。

今回の講演と研修会では、災害直後の混乱期において指示を待っていては対応が遅れてしまうので、それぞれがしっかり自分自身で考えて横のつながりを大切にしながら迅速に対応していくことの大切さを学びました。そして、何よりも日頃から防災意識を高めながら物質面の準備だけでなく避難方法なども確認し、命を守るための行動を自ら考えて実行できるような防災教育を行うことの大切さも学びました。

私が勤務する小倉西高校では、２０２０年7月にＳＤＧｓ（Sustainable Development Goals・持続可能な開発目標）の「住み続けられるまちづくり」の視点を踏まえ、北九州市や実際に被災経験を持つ高校生とリモートによるパネルディスカッションを実施し、自然災害の体験を共有しながら防災意識の向上を図り、自ら考え自ら行動できる生徒の育成を目指した防災教育を行うように取り組んでいます。

また、避難所運営をするにあたり、実際の避難所運営の経験談を聞くことで、避難している方の心に寄り添った対応を心がけることの大切さがわかりました。これは、日常の保健室経営にも通じる大切な心がけだと思います。避難所運営をする側は自分自身のことを後回しにしがちになるので、避難所の運営に関わる人の心の健康にも配慮した雰囲気づくりが大切だと学びました。

第3章　若者たちへのメッセージ

1　被災者からのメッセージ

ここでは、東日本大震災が発生したときに多くの難題に立ち向かった関係者の体験談を紹介しておきたい。災害の記憶を単なる記録としてとどめるだけでなく、災害の全体像を把握するためのメッセージとして受けとめてもらいたい。

避難所運営――正解ではなく成解を求める

最初の例として東松島市立野蒜小学校の避難所を紹介しておきたい。

2011年3月11日、野蒜小学校には5、6年生が60人ほど残っていて、地震発生直後から間もなく児童の家族や地域住民、高齢者施設の入所者が集まってきて体育館に誘導された。野蒜小学校の周辺は、1960年のチリ地震津波で大きな被害がなかったこともあり、津波防災マップの浸水想定区域には入っていなかったという。しかし、この日はこれまでの想定をはるかに超えた津波が体育館に侵入してきたことで、避難していた人たちは慌てて体育館のステージや2階のギャラリーに逃げたが、間に合わなかった人たちは洗濯機のように渦巻く津波に呑み込まれていったという。3月12日以降、野蒜小学校の体育館は学校周辺で発見された100人を超える遺体の仮安置所になり、校舎では難を逃れた人たちによって避難所運営が始まった。

２０２０年7月、避難所運営の中心的な存在だった菅原節郎さんにお会いして、震災当時の状況を振り返ってもらった。現在、菅原さんは野蒜まちづくり協議会の会長をつとめている。

（齋藤）菅原さんが野蒜小学校の避難所に入られたときはどのよう状況でしたか。

（菅原）私が野蒜小学校に行ったのは3月12日の午前でした。危うく津波の難を逃れてから、地元の東名（とうな）でひと晩だけ過ごして家族の安否を確かめましたが、５００人くらいの避難者でごった返していました。しかも、多くの人たちが濡（ぬ）れ鼠（ねずみ）のような格好で誰も乾いた服を着ていなかったように思います。

当時、野蒜地区の人口が５０００人ぐらいでしたので、約1割の人たちが避難していたことになります。次の日になって再度確認してみたら避難者は７００人を超えていました。

（齋藤）菅原さんは、どのようないきさつで避難所の世話役になられたんですか。

（菅原）誰かに頼まれたわけではなかったんですが、仕切り役がいなかったので自分から買って出たような形になりました。私は東松島市の市議会議員でしたので、これも仕事の一環だと思いました。ですから避難者のお世話をすることに何の抵抗もなかったですし、とにかく自分ができることはしようという思いが強かったです。

（齋藤）市議会議員という立場がそういう行動をとらせたのでしょうか。

（菅原）いえ、たとえそういう肩書きがなくても責任感や使命感から引き受けたと思います。

（齋藤）避難所での最初の数日間はかなり混乱したと思いますが、生活がある程度落ち着くまではどんな様子でしたか。

（菅原）何もかもが不安だらけで先が見えなかったので、まず落ち着いてもらうことが大前提でした。ですから、各教室にいる避難者の代表を決めてもらい、人数や住所、氏名、年齢などを把握することから始めました。私が避難所に入った当初は、各教室に避難していた人たちは何もしていなかったので、東松島市役所に設置された災害対策本部に現状を報告する必要があると考えました。それから、マスコミ関係者がたくさん押しかけて来るようになったので、世間に現状を知らせるためにも避難者の基礎データをつくろうと考えました。

（齋藤）避難所生活が始まってから水や食糧の確保、情報収集などの課題があったと思いますが、トイレの問題にはどのように対応しましたか。

（菅原）トイレの問題については、下水を流すだけの水がなかったので、たまたま漂着した大きなポリバケツを使ってプールから水を汲み、バケツリレーで2階から3階へと運びました。

（齋藤）学校内の施設の状況がわからない避難者が、トイレの掃除をするのは大変だったと思いますが、野蒜小学校の先生や子どもたちはどんな様子でしたか。

（菅原）初めから避難所運営に関わることはなかったので、各教室の代表者にお願いして部屋の清掃や衛生管理、データ収集などの係を選出してもらいました。その後、小中学校の2人の校長先生の指導もあり、子どもたちから掃除を申し出てくれたんです。子どもたちは責任感を持って取り組んでくれたので、こういう言い方は大変失礼なんですけれど、家の片づけや仕事の都合で不在になりがちな大人よりもあてになりました。

(齋藤) 子どもは大人の役に立っていると思うと、普段は見られないような頑張りを見せますよね。

(菅原) 確かにそう思いました。自分の出番があると、子どもなりの覚悟のようなものが生まれるのだと思って頼もしくさえ感じました。

(齋藤) 水と食糧についてはどうでしたか。

(菅原) 水も食糧もほとんどなくて3日間ぐらい飲まず食わずでした。最初に届けられた食糧は某製パン会社の食パンでしたが、人数分のパンが無くて1枚を4分の1にカットして涙ながらに配りました。災害対策本部から弁当が届いたのは5日目ぐらいでした。6日目になると、校長先生から校舎の耐久性に自信が持てないので、内陸部の安全な学校に移動させたいという話がありました。

(齋藤) どちらに2次避難したんですか。

(菅原) 東松島市内の小野地区にある鳴瀬第一中学校です。ですから、野蒜小学校には1週間もいなかったですね。

(齋藤) 避難所運営をしていたときに感染症などの衛生面の心配はありましたか。

（菅原）体調不良を訴えた人はいましたが、重症化した事例はなかったです。むしろ、真っ暗な避難所で考えるのは、この先の生活や仕事のことばかりでした。その心配が影響して体調不良になった人は多くいました。私としては重篤な患者が出ないようにと祈るだけでした。あの当時は、まだ救急車も来れる状態ではなかったですし、確か一番早く来てくれたのが京都府の救急車だったと記憶しています。

（齋藤）今後のために、避難所運営の教訓として伝えたいことがあればお話しください。

（菅原）まず、自分たちで運営するという覚悟を決めないと避難所は動かないです。役所だったり消防だったりと公助を当てにしすぎては、避難所運営は始まらないです。次に、情報を得るだけではなくて、どうやって情報発信するかを考えておくべきです。

（齋藤）震災が発生した当時は、ライフラインがストップして電話も電気も水道も使えない状態だったので、最悪のことを考えておくということですね。

（菅原）そうですね。運よく東松島市役所の災害対策本部と連絡をとれたのは、たまたま野蒜小学校に居合わせた東松島市の職員が持っていた非常用のトランシーバーがあったからなんです。これだけが外部との通信可能な手段だったので、今後の教訓として電源に頼らない通信手段を考えておくべきですね。

それから、鳴瀬第一中学校に移動してからですが、インフルエンザの患者がずいぶん出たんです。私たちに与えられた避難スペースだけでは患者を隔離できなかったので、校長先生にお願いしてコンピューター室に移動させてもらいました。管理責任者の理解と判断がないとできないと思いますが、当時の状況を振り返ってみると、感染症対策のスペースが問題になりますね。

(齋藤)東日本大震災で被災した人たちは、たとえ指定避難所でなくても学校に避難してきました。隔離できる施設やトイレが備わっていることなどを考えたら、それが普通の行動だと思います。宮城県の場合は、自治体と学校が防災協定を結んだことで、避難所の受け入れ体制はかなり改善されたはずです。

(菅原)たとえ避難生活を送ることになったとしても、初めから学校を当てにしてはいけないと考えています。つまり、先生や子どもたちの支援を前提に考えてはダメだということです。なぜなら、自分たちの力で避難所を運営するという意気込みが最も重要だからです。もちろん、先生や子どもたちが手伝ってくれたことはとても有難いことでした。

(齋藤)正解(はじめから決まっている答え)ではなく成解(みんなでつくりあげる答え)を求める気持ちが大切ですね。今日は貴重な体験談を聞かせていただきありがとうございました。

ここで、実際に野蒜小学校で避難所運営を手伝った安倍志摩子さんが綴(つづ)った避難所生活の手記を紹介しておきたい。安倍志摩子さんは、津波に流されながらも川の土手に這い上がって奇跡的に助かることができた。それから夫の淳さんを病院まで連れて行き、自分は野蒜小学校に向かう決心をした。

吉田川の土手に上がり、夫は内陸部の病院に入院した。保健師を辞めて20年以上も経つが、家族も無事でケガもなく生き延びた私は、夫を病院に置いて3月13日に野蒜に向かうことに決めた。

東松島市の災害ボランティアセンターは立ち上がっていないらしい。地元の中下公民館には200名弱、定林寺には600名がすし詰め状態、野蒜小学校には400名位が避難していた。3つの避難所を回りながら搬送者をピックアップした。野蒜小学校の体育館には、津波が流れ込んで渦を巻き、避難していた330名のうち18名が亡くなり、体育館はご遺体の安置所になった。野蒜小学校の校庭は車と瓦礫で埋め尽くされ、昇降口には車が突っ込んだままで、校舎の2階と3階に赤ちゃんからお年寄りまで400名ほど避難していた。自分は大変な体験をしたと思っていたが、ここに来てそんな思いは吹き飛んだ。みんなが大切な人を亡くしていた。私はここで医師の資格を持つ若い女性、准看護師、養護教諭の3人と協力して健康管理にあたることにした。各教室を回りながら、氏名と年齢、持病と内服薬とかかりつけの病院、そして不安なことなどを聞き取ってカレンダーの裏に記した(紙も無かった)。発熱が続く乳児、手当の必要なケガ人、心疾患、糖尿病、てんかん、高血圧、精神疾患、緑内障など、着の身着のまま逃げたり流されたりしたので薬など持って来ていない。不安な分だけ独り言の時間が長くなる。あっという間に1日が終わり、深夜に懐中電灯を頼りにリストの整理をした。

14日、初めて医療団が入り95名が受診した。創処置、脱水への点滴、風邪薬や眠剤の投与と持病の投薬だったが、薬品にはどうしても限りがある。余震が起きて津波警報が出る度に2階から3階へと避難する。足の不自由なお年寄りは、椅子ごとの移動だ。野蒜小学校は海岸から約1キロメートルの地点にあるが、再び津波が来たらもう遮（さえぎ）るものはない。津波の直撃を受けた校舎は脆弱化しているから、ここでの生活は危険だと判断して、15日に内陸部の鳴瀬第一中学校に移動することになった。

その頃、関西と横浜から自分の車で病院に連れて行ってくれるボランティアさんが来てくれた。津波で被災した病院が多いので、受け入れ可能な病院を探して疾病の重篤度と病院の方角と動線を考えて計画的に送迎してもらった。発災から5日目頃からは、脳梗塞や出血性胃潰瘍で救急車を呼ぶことが多くなり、1日に3名も搬送することもあった。その後、市内の医院が送迎を始めたり、前ぶれなしに医療団も来所するようになり、一般的な疾患の心配も減っていった。避難所では、部屋毎に班長、副班長、保健係を決めた。毎朝「保健会議」を開き、自室の体調不良者を報告してもらい、私が出向いて行ってその状態を診てから医療につなげた。また、風邪やエコノミー症候群の予防などについて、少しずつ指導して各部屋で毎朝のように伝達してもらった。避難所においてもご近所づきあいは命と心を救うことになった。部屋がひとつのコミュニティとなり、必ず世話好きなおばちゃんがいて、全ての人に目が届く仕組みができあがるからである。控えめで我慢強いとされる東北人の気質なのか、同室のおばちゃんは体の不調を察して必ず報告してくれるので、体調不良者は早期発見されて大事に至る人はいなかった。避難所の運営は、当初から地域のリーダーが中心となり若者たちが動いていた。小中学校教諭、保育士も一緒だった。野蒜小学校では、校舎を出れば瓦礫の山だから廊下は泥だらけだ。トイレも水が出ないので、排泄物はたまりっぱなしである。生きること自体が大変な状況で絶望感に押しつぶされそうな人たちは、その劣悪な環境を改善しようという気持ちは起こらない。そういうときに、先生と保育士が交代でトイレ掃除を始め、小中学校の校長2人が廊下の掃き掃除を始めた。それを見て子どもたちが手伝い、お年寄りも手伝い、次第に避難所の全員が協力して環境整備する体制ができていった。

鳴瀬第一中学校に移動してからトイレの入口に大きなバケツを用意し、隣のプールから水を汲んできて排泄物を流した。水がなくなれば気が付いた人が汲みに行ってくれた。避難所生活が続くとそれぞれの得意分野がわかってきて、薬剤師さんは医療団が来所した際の調剤の手伝い、ヘルパーさんはお年寄りのお世話、支援物資の衣類などをてきぱきと陳列してくれる若いお母さんなど、みんなに活躍してもらった。

ボランティアの方から「こんなに明るくて清潔な避難所は他にない」とまで言われた。それは、人の心をまとめるプロである2人の女性校長が、自分たちの力で避難所を運営していく意識を芽生えさせてくれたからだ。看護師経験のある我々が、泣いたり笑ったりしながら寄り添い続けたこともひとつの要因だったと自負している。つらい人を抱きしめて一緒に泣き、目が合えば微笑み、涙も笑顔も枯れることはないのだと思った。私が巡回しながら声をかけても、

「何回、同じこと聞くのや。話したって何にも変わんねんだからしゃべんねんね」と、苛立ちを隠さなかった人が、次第にこの状況で頑張るしかないことを理解して温かい気持ちになってくれた。

大災害の急性期には、自治体は機能していないしボランティアもいない。避難所の健康管理は自分たちで行うしかない。平常時から災害を視野に入れて人を養成するのも大切だが、その人が活動できないことも多い。大災害はいつも想定外だ。そして最も留意すべきことは、住民主体で自治運営するシステムを早期に構築することだ。絶望感に打ちひしがれている人々が受け身になり、「してもらう」という公助意識が強いと気持ちが荒んでいく。助け合う過程で自ら立ち上がる気力もわいてくるものだ。また、避難所のリーダーとなる人は、人望が厚く責任感が強い。彼らはその気質から自分のことよりも避難者のことを優先して業務に忙殺される。たとえ家族を亡くしていたとしても、その悲しみと向き合えない状態が避難所のリーダーの心を追いつめる。その結果、重い苦しみを抱えて時間の経過とともに心に大きな痛手を被る。ハイリスクを予測していたとしても、彼らに休息を与えるのは本当に難しい。代わりがいないのだ。そこには被災していないサポーターが必要だと痛切に感じている。

支援物資——72時間を生き抜く

災害発生時後の72時間は、人間の生存率を左右する重要な目安となる。東日本大震災のときは、被害状況が広範囲に及び支援物資が届くまでかなりの時間差があった。さらに、大量に送られてくる支援物資の保管の仕方にも注意を払う必要があった。緊急性の高い水や食糧は優先的に届けられたが、それを保管場所の奥から置いていくと、次に届いた支援物資に通路を塞がれてしまって後から取り出すのに難儀をする。災害発生直後の混乱期においては、優先順位の高い支援物資を入り口から置くという柔軟な発想が大切である。

2020年6月、東松島市役所商工観光課長の難波和幸さんに震災当時を振り返ってもらいながら、支援物資についての苦労話をうかがった。

(齋藤)支援物資の受け取りや避難所への配付など、当時はどのような状況でしたか。

(難波)発災当初は届けられたものをすべて受け入れる状況でした。ただ、深夜の2時に何台も大型トレーラーが到着し、担当職員が眠い目をこすりながら対応する日がずっと続くと、さすがに体力的にも精神的にも限界になってきたので、受け入れ態勢をきちんと整える体制にシフトしていきました。そして、受け入れる時間帯を情報発信することも大切だとわかりました。

(齋藤)どのようにして各避難所に支援物資を届けたのですか。

(難波)行政の立場には平等性が求められるので、どこかに集中的に物資が届くのは避けなければならないんです。実際に避難所ごとの情報をキャッチして、それに見合った数を届けるために、各避難所の代表者から申請をしてもらいながら振り分け作業を行いました。

(齋藤) 東松島市の職員がすべての避難所に届けたんですか。

(難波) いいえ、職員数は限られていたので代表者に市役所まで受け取りに来てもらいました。しかし、その代表者が使う車のガソリンもなかったので、航空自衛隊松島基地から流れてきたドラム缶の燃料をいただいて配付する工夫をしました。たとえば、給油証明書を提示することで優先的に給油できるようにしました。支援物資を配布するときは、決まりとかルールを整えながら公平性を保ちました。

(齋藤) そう言えば、石巻西高校の避難所でも災害対策本部からガソリンを供給してもらったり、必要な弁当の数を報告して届けてもらったり、医療品を受け取りに行ってましたね。

ところで、支援物資が搬送されてきたルートなんですが、陸路の場合は山形県経由で来た支援物資が多かったと聞いているんですが。

(難波) そうでしたね。はじめの頃はどのルートで運ばれて来るかまで頭が回らなかったのですが、後々になって聞いていくうちに山形経由が多かったことがわかりました。そういう意味では、これまでの仙山交流の流れが生きていたと思いますね。実際に企業誘致をしていた東松島市の職員が新潟から山形を経由して戻ってきましたから、このルートがもっとも機能していたと思います。

(齋藤) 東松島市はどこかの自治体と防災協定を結んでいるのですか。

(難波) これまでの友好都市や姉妹都市とは防災協定を結んでいますし、派遣職員として来てもらった地域とのつながりは今でも継続しています。防災協定を結ぶことは、リスク分散を考える上でもノウハウを共有し合うメリットがあると思います。さらに、埼玉県東松山市や東京都大田区、そして福岡県豊前市など、新たに災害協定を結んだ自治体もあります。特に大田区の場合は、早い段階から毛布などを支援してもらいましたので、今度は恩返しをする必要があると考えているところです。

災害ボランティア――ニーズとのマッチング

ボランティア元年とは、１９９５年に発生した阪神・淡路大震災のときに生まれた言葉である。それまでのボランティア活動と言えば、一部の人たちの社会貢献活動としてとらえられがちだったが、阪神・淡路大震災でたくさんの市民がボランティア活動をしたのを契機にこのように呼ばれるようになった。そして、ボランティア活動の留意点として指摘されたのが「ニーズとのマッチング」である。これは、被災者が必要とする物資と支援者が提供する物資が食い違うことで、支援物資に余剰が出たり不足したりするケースが多いことから生まれた教訓である。実際に災害が発生したときに、被災地のためにという善意の支援が被災地を混乱させるケースがかなりあった。

たとえば、インターネットやテレビなどの報道を見た視聴者が、避難所や被災地全体にその物資が足りていないと思い込み、あまり必要のない物資を大量に送るという問題が発生した。被災地の状況は日々変わるので、ニーズとのマッチングは今後も大きな課題になるだろう。

２０２０年６月、東松島市社会福祉協議会の千葉貴弘さんに当時の状況を振り返ってもらった。

（齋藤）社会福祉協議会は「社協」と呼ばれて災害ボランティアセンターを運営することが多いと思いますが、東日本大震災が発生してからのボランティアの受け入れ体制はどんな状況でしたか。

（千葉）発災当日からボランティアセンターの話は出ましたが、地域全体が壊滅的な被害を受けていたので、３日後に再度立ち上げの時期について話し合おうと決めました。そのときは、何よりも人命救助を優先していたので、私たちも後方支援という形で動いていました。

（齋藤）もちろん安否確認や遺体捜索などが最優先ですから、ボランティアの受け入れはその後になりますよね。災害ボランティアセンターが立ち上がったときの様子を教えてください。

（千葉）災害ボランティアセンターの開設日は３月19日でした。まず最初に、一般の避難所で生活できない要介護者を収容する福祉避難所を立ち上げました。私どもの協議会は東松島市から老人福祉センターを福祉避難所にする指定を受けていましたので、介護ヘルパーだけでなく事務職員もその任に当たったりしたので、多いときで80名の避難者を受け入れました。さらに、生活支援にもシフトすることになったので、福祉避難所は３月12日から４月11日までの１ヶ月間だけ開設し、並行して３月19日からボランティアセンターの運営を行いました。その受け入れ拠点は、東松島市の災害対策本部と相談して市役所の保健相談センターの上に設置しました。本来ならば、広い体育館に開設して被災者の要望を聞きながら、ニーズとマッチングしたボランティアを派遣したかったのですが、この地域はすべてが避難所になっていたので、その場所を活用せざるを得なかったのです。

（齋藤）震災が発生した当時は、石巻地域全体で３００ヶ所以上の避難所がありましたからね。千葉さんにとって初めての経験でしたか。

（千葉）そうですね。２００３年の宮城北部地震のときに、ノウハウもないところで小規模ながら災害ボランティアセンターを開設したんです。しかし、これほどの大きな災害に対応した経験はなかったので、すべてが手探りで運営したというのが実情でしたね。

（齋藤）宮城北部地震の経験があったからこそ、少なくとも気持ちの準備はできていたわけですね。

（千葉）そうですね。備蓄倉庫に福祉避難所を開設する際のベッドを保管したりしました。最も大変だったのは、発電機と投光器が使えずに停電のなかでオムツ交換をするときでした。

（齋藤）それでは、災害ボランティアを受け入れる段階になってからのことを教えてください。

（千葉）まず最初に行政防災無線で発信したのが、ボランティアセンターの開始と協力要請のお知らせでした。すると住民からの要望がいっぱいあって、マッチング体制がとれなくなりました。

当時はガソリンが充分に供給されない状況が続いていたので、まず市内限定のボランティアを募集しました。それが約1ヶ月間続いて、4月11日頃から県内のボランティア募集に拡大し、5月の連休あたりから全国からのボランティアを募るようにしました。

一番最初に来てくれたのは、兵庫県のボランティアでした。実は、3月下旬に兵庫県からの申し出があったんです。自分たちは阪神・淡路大震災を経験しているし、事前にボランティア活動のレクチャーも行っているので、被災者に迷惑をかけませんからと要請があったんです。実際のところ兵庫県のボランタリープラザで公募した団体さんが、定期的に東松島に来てくれることになりました。また、同じ時期に東京の大田区からも支援に来てもらいました。大田区のボランティアは、他の被災地に分散せずに東松島市を集中的に支援するということで、避難所の運営支援から食糧の支援だけでなく定期的に人材を派遣してくれました。大田区とは防災協定を結んでいなかったのですが、夜中に東京を出発して朝から活動して夕方に帰るというボラバスの企画がなされていたようです。

（齋藤）今後も自然災害が多発すると思いますが、新型コロナウイルスのような感染症対策が避難所運営とボランティア活動に大きな影響を与えると思います。災害ボランティアを受け入れる側としての感染症予防の対応策はしていますか。

（千葉）特に新型コロナウイルスを想定した受け入れマニュアルは作成していないです。ただ、避難所開設のための総合防災訓練を行ったときに、私が担当する福祉避難所の収容人数は50名でしたが、一定の基準をもとに収容人数を考えると、結局は20名しか収容できないことがわかりました。同様に災害ボランティアも県またぎの移動ができなくなります。また、県内で感染者が出たら県内からのボランティア募集もできなくなるわけです。そうなると、東日本大震災のときのように近隣の人たちの支援が最優先になると予想できます。受け付けでも三密を回避しながら新しい生活様式にならった検温も必要になりますし、最近の一週間の行動履歴もチェックするということで、これまでの受付け状況とはまったく変わるだろうと予想しています。

実は、先日全国の社会福祉協議会から通知がありまして、地域住民の皆さんが困っているときにボランティアセンターを閉鎖することはできないので、やれる範囲内で細心の注意を払いながら運営してほしいという内容でした。しかし、やれる範囲と言われても具体的ではないですし、個人の家にボランティアに行くときの人数制限も出てきますし、これからの大きな課題になると考えています。

(齋藤) 新型コロナウイルスの影響が大きな問題になっていますが、東日本大震災のときも感染症の問題はありました。インフルエンザもノロウイルスも大腸菌などの発症例もありました。そういう状況のなかで避難所を運営せざるを得なかったし、たくさんのボランティアも受け入れました。どのようなマニュアルを作成するにしても、今までにないものを検討していくわけですから、感染症が災害ボランティアの活動に大きく影響してくることを想定しなければならないですね。

(千葉) まったくその通りだと思いますね。

生活再建——地域コミュニティの再生

2019年3月16日、宮城県内で最後の災害公営住宅100戸が完成した。震災発生から8年の歳月を要して1100戸を超える住宅整備が完了したのである。その場所は東松島市柳の目西地区にあり、ＪＲ仙石線の新しい駅となった「石巻あゆみ野駅」に隣接している。新駅の設置は石巻西高校にとっても通学手段として長年の懸案であった。長い間、プレハブ住宅やみなし仮設住宅で不便な暮らしを強いられたきた人たちにとって、やっと本来の生活再建が始まったと言える。これからは新しい住宅への入居と同時に地域コミュニティの再生に取り組むことになるが、そこには新たな課題が生じてくるだろう。地域コミュニティの再生とは地域住民の共助の「場」を再生することであり、日常生活にとどまらず消費行動、遊びやスポーツ、芸能や祭り、各種イベントなどすべての生活範囲にまで及ぶことになる。

２０２０年６月、震災が発生した当初から被災者の生活再建を支援してきた東松島市役所の難波和幸さんに、被災者の生活再建の歩みについても話をうかがった。

（齋藤）生活再建と言っても漠然としているので、具体的にどのような支援をなさったのですか。

（難波）最初の頃はボランティアの対応が多かったです。地元の社会福祉協議会は、がれき処理とか泥かきで手一杯だったので、炊き出しなどの受け皿がなかったんです。震災当時、私は市民協働課にいたのですが、ボランティアによる炊き出しをコーディネートするのが初期の段階の支援でした。

（齋藤）つまり、生活再建以前に生活支援が先だったわけですね。

（難波）そうですね。結局、それが生活再建に結びついていくわけです。被災者がどういう生活をしてきたのか把握しておかないと、支援をするときに被災者の気持ちに寄り添えないんです。何が不足して何を求めているのかを具体的に把握することが、適切な生活再建に結びついて行くんです。

（齋藤）いろいろな職種がありますが、具体的な支援の例を教えてもらえませんか。

（難波）そうですね。この先どうしたらいいのかという資金繰りの電話相談が結構ありました。国のいろいろな支援制度があるのですが、それが実際に使えるのかどうか不安を抱いてましたね。

たとえば、事業再生のための私的ガイドライン制度もありましたが、自分が取引している銀行に対応してもらったとして、生活再建後も以前の関係が維持できるのかと質問されたことがありました。

（齋藤）やはり生活再建の背景には、お金だけでなく人間の信頼関係があるということですね。

（難波）そうですね。市役所と地域住民の間には、それほど密接な信頼関係はないですからね。ときには、役所がどこまで責任もってくれるのかと詰め寄られるケースもありましたが、こういう事態に直面したときにこそ普段から築いてきた信頼関係が役に立ちましたね。だからこそクレームまがいの相談でも乗りきることができたのだと思っています。

（齋藤）結局のところ、市役所の職員も被災者でありながら仕事もするわけですから、精神的にもかなりきつかったと思います。他に農業関係の生活再建ではどんな相談がありましたか。

（難波）農業関係の相談は、やはり機械類ですね。すべてを失って途方に暮れてしまった絶望感がありました。しかも、農業を再開する以前に生活する住居がないと何もできないので、「まずは住宅再建を決めてから考えませんか」と伝えて、少しでも気持ちを落ち着けてもらえるように対応しましたね。そして、農業再開の補助金制度を活用しながら、できるだけ生活をつなぐように相談していきました。

（齋藤）たくさんの財産を失った被災者にとっては何より衣食住が最優先でしたね。漁業関係者に関してはどうでしたか。

（難波）具体的な相談はなかったです。漁業関係者の場合は、震災前まで個人で生業を営んでいたのですが、震災後はさすがに一緒に力を合わせて乗り越えようとしたようです。

たとえば、代々伝えられてきた手法を守ってきた海苔の養殖業者は、国からのグループ化補助金制度を活用して大きな機械を協業で使う選択をしました。そして、ある程度まで復旧した段階でもとのやり方に戻していったようですね。

（齋藤）私も離島育ちなので、幼い頃から海苔や牡蠣の養殖の仕事を見てきました。やはり、漁業に携わっている人は自分なりの流儀を大切にしますね。他に観光業者からの相談はありましたか。

（難波）やはり、民宿業を営んできた人は大きな打撃を受けましたね。民宿自体がなくなっているケースが多かったので、さすがに言葉が出なかったというのが正直なところでした。

（齋藤）奥松島の月浜海水浴場の近くに以前から知っている民宿がありましたが、いつになったら再開できるのかと見守っていました。難波さんはその地域の再建には関わったりしましたか。

（難波）具体的には関わりませんでしたが、どうしても東松島市の観光を守るという意味では、民宿という生業を無くしてはならないという気持ちは強かったですね。

（齋藤）そうしますと、漁業、農業、観光業のすべてにおいて、全国から支援してくれた人のために一日でも早く生活再建しようという思いが、被災地の復興の大きな力になっていったんですね。

（難波）そうですね。他にも宿泊業についていては、応援の手紙やリピーターからの激励が生活再建の後押しをしてくれましたね。復興したら必ず泊まりに行くから仕事を続けてくださいというメッセージが、何よりの励ましになったと聞いてます。

（齋藤）全国の支援者と心がつながっていたからこそ、少しずつ希望を取り戻せたんですね。

災害医療——地域に寄り添う

石巻地域の拠点病院と言えば、ＤＭＡＴ（災害派遣医療チーム）の訓練を受けた医師や看護師が働く石巻赤十字病院である。

２００６年に沿岸部から現在の蛇田地区に移転したことで、幸運にも震災の難を逃れることができた。しかし、地域医療を担う石巻市立病院や雄勝病院などの医療機能が壊滅状態に陥り、雄勝病院では患者だけでなく医師や看護師の大半が犠牲になった。そして、石巻市内でも多くの開業医が診療不能の状態に陥った。石巻西高校の避難所運営が少しずつ安定してくると、石巻赤十字病院からも巡回診療に来てくれるようになった。避難所生活で不自由な生活を強いられた人たちが、診療場所として指定した校舎内のコモンホールに押しかける光景を見ながら、災害時の地域医療のあり方について考えさせられた。

２０２０年６月、石巻赤十字看護専門学校の安倍藤子副学校長から災害時の地域医療についてうかがうことができた。

(齋藤)震災当時を振り返っていただきながら、地域医療のあり方についてお話をうかがいます。最初に、東日本大震災が発生した当時の石巻赤十字病院の状況を教えてください。

(安倍)石巻赤十字病院はこの地域の災害拠点病院ですので、とにかく石巻医療圏で負傷された方を救助する役割を担っていました。

(齋藤)災害に対応する組織としてＤＭＡＴがありますが、具体的にどのような訓練や研修を受けて活動しているのか教えてください。

(安倍)ＤＭＡＴは厚生労働省の組織で、災害現場で活動するために専門的訓練を受けた医療チームです。日本赤十字社や宮城県にも独自のＤＭＡＴがあり、その研修を受けた者が登録し要請を受け派遣されます。本校の教員にも登録者がおり、北海道の胆振東部地震のときに救護に行きました。

（齋藤）一般の看護師の研修内容とはどのように違うのですか。

（安倍）ＤＭＡＴは、災害現場でできるだけ48時間以内（急性期）に負傷者を救助して、後方支援の病院と連携する訓練などを行います。

（齋藤）私たちの場合は、災害が発生してからの72時間を生存率の重要な目安のように考えますが、ＤＭＡＴの場合は48時間以内なんですね。

（安倍）そうです。負傷者の体力を温存しながら急いで被災地の外の後方支援病院などに送るためには、できる限り短時間で対応しなければなりません。

（齋藤）よく救急医療の現場において、治療や救急搬送の順位、そして搬送先の施設を決定するときにトリアージという言葉を聞きますが、一般の看護師も同じような研修を積むわけですか。

（安倍）トリアージは、災害救護の分野としてすべての看護師が必ず訓練します。トリアージは、１回だけではないので、診療が必要な患者かそうでないのか、重傷なのか軽傷なのかを判断することを第一段階からやりますし、さらに医師が加わって症状について選別していきます。看護学校の授業にも必ずトリアージはありますし、今は災害医療論としてどこでも実施しています。

（齋藤）震災の影響で石巻地域では多くの開業医が休業を余儀なくされました。石巻西高校の避難所にも近隣の医師や看護師、患者さんが避難してきました。地域医療の拠点病院としてもいろいろな課題があったかと思いますが、いくつかの事例を紹介していただけますか。

（安倍）私たちが準備しているのは医療中心のマニュアルなんですが、東日本大震災のときは市街地の3分の2が冠水したので、医療機関で対応できたのは石巻赤十字病院くらいでした。

当時は、実際に負傷している人もそうでない人も集まって来ましたので、マニュアルにない想定外のことがたくさん起こりました。そのひとつが、３日目あたりからヘリコプターや救急車で負傷者が搬送されてきたことです。震災前は石巻地域に17台の救急車があったと記憶してますが、そのうち12台以上が使えなくなりました。そのため付き添いや家族の人が同乗できずに負傷者だけが搬送されてきて、関係者と連絡を取ろうとしても電話もメールも全く通じない状況でした。石巻市内で何が起きているのかわからないまま、地域の方たちも石巻赤十字病院なら何かわかるだろうと、わらをもつかむ思いだったのでしょう、たくさんの方が押し寄せてきました。

たとえば、家族が怪我をして病院に運ばれていないか、家族捜索のための情報が欲しい、トイレだけでも貸してほしいなど、そういう人たちがドッと押し寄せて来たために病院の入り口が混乱して対応しきれなくなりました。

(齋藤) そうしますと、いくら医療技術を高めていたとしても、それ以外の事態にも対応せざるを得ない状況だったのですね。そのときの問題を教訓にしながら、石巻赤十字病院と地域の開業医との連携が図られていったわけですね。

(安倍) そうですね。現時点でどういう患者を何人くらい収容できるかなどの連携を取り合うシステムもできたので、地域医療も少しずつ改善されつつあります。

(齋藤) 次に、人材育成についてうかがいます。現在のところ看護師を希望する学生は多いのでしょうか。学校の定員もあると思いますし、全国的にみてどういう状況ですか。

（安倍）1学年が40名ですが定員は確保できていますね。仙台では新しい看護学校ができたり、募集人員を増やしたりしているので、看護師を目指す人は減ってはいないと思います。

（齋藤）最近は、あらゆる面での格差が大きな社会問題になっているので、経済面で苦労している看護学生もいると思うんですが。

（安倍）そうですね。看護師をめざして入学してくる学生は目的意識がしっかりしていますし、看護師として冷静に対応できる知識や技術を身につけようと志す学生が多いですね。しかし、親の働き口が減ったとか、思うようなアルバイト先がなくて生活が困窮している学生もいます。いろいろな奨学金制度や給付金制度がありますが、生活費を自分で賄(まかな)っている学生が多いと感じています。学生にとっては死活問題なので、アルバイトをやめなさいとは言えないです。それでも、勉強が疎(おろそ)かになって取得すべき単位を落として再試験料を払うようになると、結果的に時間もお金もムダになってしまうから気をつけるようにと指導しています。

（齋藤）話は変わりますが、震災当時の避難所ではインフルエンザ、おたふく風邪（流行性耳下腺炎）、ノロウイルスなどの感染症が発生しました。これから大きな災害が発生して避難所生活を余儀な

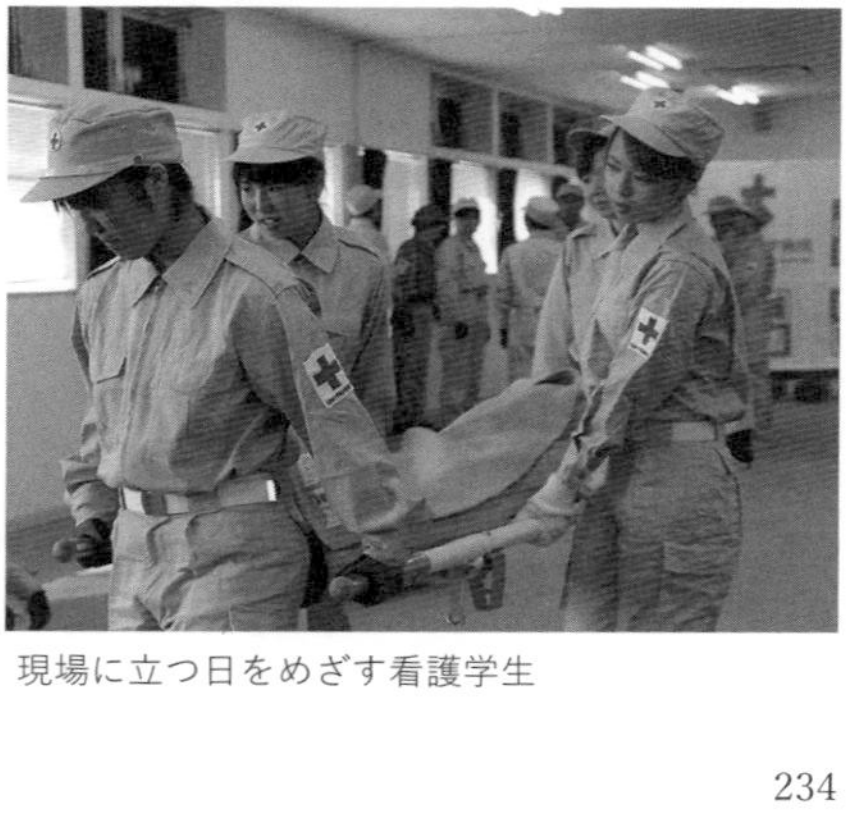

現場に立つ日をめざす看護学生

くされた場合のアドバイスがあればお願いします。

（安倍）話が少し遠回りになりますが、地域の方がどっと集まってきたときは自助や共助の意識がそれほど高くなかったと思います。自分たちは被災者なんだからという思いが少なからずあったように感じました。そういう思いが強すぎると、医療従事者も力を発揮できないことがあります。実際に対応できない苦情やクレームを言われて、かなり悩んだりした職員や看護師がいたのも事実です。

　避難所における感染症の問題にしても、日頃からできることを考えておく必要があります。ある程度は仕方がないとは思いますが、冷静な判断ができなくなると人間は感情的になってしまいますから。

（齋藤）避難所と感染症の問題は、これからの防災や防疫対策として避けられない問題です。日本人は相手に感染させまいとしてマスクを着用していますが、こういう発想は災害大国の風土のなかで培われてきた「お互いさま」の生活文化だと考えています。東日本大震災を体験したことで、ひとり一人の自助や共助の意識が高まったのではないでしょうか。

（安倍）そうですね。今が具体的な取り組みを進めるチャンスだと思います。私たちも赤十字の救護活動に行きますが、単に救護するだけではなく、行き先の地域の人たちがどんな力を持っていて、何を必要としているのかを事前に把握し、自分たちができることや、どこを手伝ってもらうかを考えられる地域になっていけるように支援する必要があると思っています。そういう取り組みの延長として、今後は地域に向けた教養講座などを開催することも重要な活動になると思っています。

（齋藤）自然災害が多発する日本の風土を考えると、人権防災教育の視点もとても大切だと思います。広い意味での教育の果たすべき役割がとても重要になってくると痛感しています。

（安倍）赤十字に携わる人間は困っている人や苦しんでいる人を助ける役割を担っているのですが、家庭に戻ったときに、心ない発言に子どもが心を痛めるのを心配している職員の実情を知ると、やはり教育の力は大切だと思いますし、地域に対しても感染症が流行る前から正しく恐れるように啓蒙していく必要があります。

（齋藤）子どもの段階からそれができるのは、やはり教育の力だと思います。人権教育は決して難しい話ではなく身近な問題ですし、幼い子どもたちから偏見や差別の問題が生じることは少ないです。

（安倍）正しい知識を身につけることも大切です。感染症に対する正しい知識を持っていない人が、憶測で物を言ったり不安をあおったりすることが多すぎます。目には見えないものだけれども、要らぬ心配と不安で悪循環になってしまう事態だけは避けるべきですね。

がれき処理――がれきはガレキではない

東日本大震災後に復旧・復興の大きな妨げになったのが、がれき処理の問題である。がれきには生活ゴミと災害ゴミが混在している。平常時の行政組織ならば生活ゴミの担当部署は決まっている。しかし、震災廃棄物となると、ひとつの自治体が対応できる範囲を超えてしまうのが常である。東日本大震災のときも同じであり、壊滅的な被害を受けた石巻地域だけで、すべてのがれき処理を行うことは不可能だった。そして、その処理をどのように分担するのか決まらなかったことが、復旧・復興の大きな足かせにもなった。

たとえば、自衛隊の活動が公的な場所に限られていたことを思うと、個人の家屋や私道のがれき撤去の担い手になったのが、全国から駆けつけたボランティアであったという実態を忘れてはならない。

ところで、ある被災者が自宅の片づけを手伝ってくれたボランティアから、「がれきはどこに片付けますか」とたずねられたときに、何とも言いようのない感情を抱いたという。被災者にとって「がれき」には、長い時間をかけて育まれてきた家族の絆とたくさんの思い出が含まれているからである。災害ボランティアに対する感謝の思いは充分にあるが、こういう感情を抱く被災者がいたことも理解しておくべきであろう。さらに、震災廃棄物には人間が生きた証としての物だけでなく、ときには遺体も存在することを決して忘れてはならない。

２０２０年７月、東松島市で建設業を営む橋本道路の橋本孝一社長から、がれき処理についての苦労話をうかがうことができた。

（齋藤）まず最初に「東松島方式」というがれき処理の方法について教えてください。

（橋本）「東松島方式」というのは後からつけられた名称です。２００３年の7月に宮城県北部地震が発生したときに、鳴瀬町や矢本町では最大震度6強の直下型地震の強い揺れを観測し、大量のがれきが発生しました。そのときに東松島市でがれき処理をしたのですが、３ヶ月が経ってもいろいろなものが混在して処理が進まなかったわけです。そのときの教訓があったので、最初から分別ありきの方針でこの方式を検討したんです。結局のところ、混在していた震災廃棄物を分別するには莫大な経費がかかります。そこで、最初に何をするかというと、仮置き場に対して何を分別するかを予め決めておいてから模擬的に実施したのです。しかも、模擬的に置く場所を検討したときに、２パーセントの勾配をつけた置き場を作ってみました。その目的はがれきの中に水がたまらないようにするためです。つまり、微生物が発生すると自然火災が起きる可能性があるので、水がたまらなければ微生物は発生しないという発想で取り組んだわけです。その結果、２パーセントの勾配にすると水がうまい具合に捌けることがわかりました。それから各場所にコンクリートや木材や畳などを分けて模擬的に搬入してみました。

（齋藤）一方で、微生物の力を活用するという発想はどのようにして生まれたのですか。

（橋本）微生物の活用に関しては、まず木材関係のことが頭のなかにありました。微生物のなかでも30度の温度まで生存できる低温菌、30度から60度まで生存できる中温菌、それから約１００度近くまで生存できる高温菌の３種類について学生時代に研究したんです。そこで、津波によるがれきだから海底から何かが出てきたのではないかと発想してみました。それから、東北大学農学部にお願いしてどんな菌が入っているかを調べてもらったところ、意外と高温菌が多いことがわかりました。高温菌が多いということは、木材を破砕(はさい)して培養した水をかけると発酵率が高くなると考えたわけです。さらに、普通の腐葉土とは違って短い時間で腐葉土化することができたんです。通常であれば1年半か2年ぐらいの時間がかかるのですが、大体半年くらいで腐葉土になりました。それをトロンメルと呼ぶ選別機で分離し、そこに少しのヘドロを固化して混ぜ合わせました。

(齋藤)その腐葉土はどういうところに使われたのですか。

(橋本)林野庁の防風林や堤防に使いました。木材のリサイクル率は１００パーセントです。固形物が多少あっても5パーセントぐらいしか混入しませんし、ある程度の時期になると全部腐葉土に変わったんです。

(齋藤)この方法でがれき処理をした場合は、補助金はどれくらいかかったのですか。

(橋本)結果的に１５０億円くらいを環境省に返しました。

(齋藤)東日本大震災後の災害で「東松島方式」が活用されたことがあるのですか。

(橋本)どこもないですね。活用するときに何が弊害になるかというと、管轄の問題があります。私の場合は地元の自治体と連携したからできたんです。国土交通省の直轄工事となると、いわゆるゼネコンがほとんど請け負って進めることになるわけです。ゼネコンは地元の土木・建築業者を管理するわけですから、地元の業者はすべて下請けになってしまいます。そのゼネコンに仕事を依頼した国土交通省の指示ですべてが動くので、地元業者の意向が反映されないのが現状です。

（齋藤）国の方針に従わないと地元の判断はなかなか聞き入れてもらえないわけですか。

（橋本）その通りです。木材をチップにする方法にしても、廃棄物処理法に抵触すると言われました。倒れたままの木がそのまま腐るのは問題ないが、それを集めて破砕して活用するのは法律に抵触するということで、環境省や林野庁からストップされたんです。それでも、震災の非常事態であることを伝えて特別に許可をもらいました。そして、防風林とかを破砕しながら腐葉土にして、そこにヘドロの1．5パーセントから2パーセントの量のセメントを加えたものをミキシングして盛り土材として活用したわけです。

（齋藤）以前に、橋本社長さんが仰っていた「がれきはガレキではない」という言葉が私のなかにずっと残っています。やはり、がれきはゴミではなくて市民の財産であるという思いがあったからこそ、この方式を考えついたわけですね。

（橋本）そうですね。自然に返すという発想が根底にあります。結局のところ、震災廃棄物を処理することは、いわゆる焼却をしないということです。焼却するとなるとプラントを建てる必要もあるし莫大な費用がかかるわけです。微生物を活用して土にした場合は盛り土材として使えるわけです。処理にも経費が削減できるわけです。さらに、ヘドロも一緒に処理できるので一石二鳥にです。

も三島にもなる方法です。この方法が採用されたのは、東日本大震災の被災地では東松島市だけだと思います。

たとえば、環境省が出している『環境白書』にがれき処理についてまとめてありますが、この白書は２００２年度に制定され２０１２年度に改正されました。改正になった大きな理由は何かというと、「東松島方式」を書き加えたからです。震災廃棄物の保管場所の勾配を２パーセントにして、廃棄物の中にこもっている熱を外に出して微生物を発生しないようにするとか、臭気を発生させないようにするといった内容が、確か10項目くらい盛り込まれたはずです。

（齋藤）２０１２年は東日本大震災の翌年ですね。法律が改正されて「東松島方式」が明文化されたのにもかかわらず、まだまだ全国的に広まっていないんですか。

（橋本）法律が改正される前と変わってないですね。ただ、熊本地震が発生したときに、西原村に出かけて行って「東松島方式」を指導してきました。その頃から熊本県内では周知されていったようです。

ところが、２０１９年10月に発生した台風19号の影響で大きな被害を受けた宮城県の丸森町のがれき処理では、この方式は採用されませんでした。がれき処理に関しては東日本大震災で実績を残し、さらに法律にも盛り込まれた教訓が地元の宮城県では反映されていないのが実情です。実は、台風19号のときに国土交通省が依頼したのは熊本県でした。そして、「東松島方式」を取り入れた熊本県の担当者が丸森町を訪れてこの方式を伝えたんです。

（齋藤）2019年4月、丸森町内にある伊具高校で防災講演を行ったのですが、その半年後に台風19号が発生したんです。その後、丸森町役場に行って東日本大震災の教訓がどれくらい生かされているか取材しましたが、丸森町で発生した震災廃棄物については、まず町内の仮置き場が見つからないとか、放射性物質が残っているから丸森町のがれきは受け入れられないと断られたという話を聞いてきました。今になっても放射線の影響が影を落としているのかと思ってショックを受けました。

（橋本）各自治体では、災害が発生したときを想定して事前の備えや計画を立てているはずなんです。そのときに、がれきの置き場所や分別の仕方まで決めておけばいいんですよ。まったく決めていないから、災害直後に慌ててしまって震災廃棄物があちこちに混在することになるんです。

（齋藤）2003年の宮城県北部地震でがれき処理の対策を立てたときは、それぞれの役割に分けたシミュレーションを行ったことで、大きな混乱もなくがれき処理ができたんですね。

（橋本）東日本の大震災のときには、11日間は混在でも仕方がないと考えて東松島市の仮置き場に保管したんです。実際は1週間ですみましたが、その間に当初から予定していた置き場所を整理して8日目からはそこに搬入したわけです。まず1週間分の量を搬入しながら少しずつ分別をしました。

（齋藤）がれきの分別処理をした場所はどの辺りですか。

（橋本）大曲浜です。約12万平米と8万平米の場所の2ヶ所、それから漁協からも3万平米くらい借りたので、合わせて３ヶ所の土地を活用しました。この場所を整備するのに１週間かかりました。

（齋藤）最後に、がれき処理も含めた災害対応のあり方について、橋本さんの考えをお話しください。

（橋本）災害の訓練を行うときに、ただ単に逃げる場所の確認や時間を短縮するだけでなく、さまざまな状況を想定しながらシミュレーションするべきです。高台に逃げろとか、仮設住宅をどこにつくるとか、避難場所をどこにするかなども大事ですが、津波でも地震でも豪雨でも必ず廃棄物が出ますから、その置き場所を設定しておくことも重要な課題だと考えています。

（齋藤）災害が発生する前にお互いの役割を確認し合いながら、災害の全体像が見えるような訓練をしておく必要があるということですね。

（橋本）どこの地域でもそういう訓練をしていませんから、実際に災害が発生するとパニック状態に陥るわけです。「がれき処理は復興の一丁目一番地」なんです。

〈コラム〉キボッチャ

東松島市野蒜地区に洲崎（すざき）という地名がある。ここには他界した父の実家があったが、津波の被害でその跡地もわからない状態になっている。今となっては洲崎という地名だけが記憶に残っている。また、海岸沿いの東名地区はカキの養殖が有名で、津波に流されて犠牲になった私の叔父は石巻西高校の体育館に仮安置されていた。かつて、仙石線の野蒜海岸駅を降りてから少しばかり歩くと、野蒜海水浴場が目の前に洋々と開け、夏の観光シーズンともなると多くの海水浴客でにぎわいを見せていた。近くには松原と一体化した場所にかんぽの宿があり、多くの家族連れの憩いの場として１年を通して賑わっていた。さらに、そのまま海岸線に沿って車を走らせると、松島四大観のひとつである大高森にも通じている。その途中には松島町野外活動センターがあり、学校の野外活動や子ども会のキャンプ場として活用されるなど、そこには自然の恩恵を受けて生きる人たちの日常があった。

２０１６年３月、東日本大震災の甚大な被害を受け１８７３年創立の野蒜小学校は閉校となった。そして、４月には宮戸小学校と統合し、高台に造成された野蒜ケ丘に宮野森小学校として開校した。

２０１８年、旧野蒜小学校は全面改装され、「ＫＩＢＯＴＣＨＡ（キボッチャ）」として生まれ変わり、遊びと教育と防災を融合した新しい学びの場として衣替えしたのである。「ＫＩＢＯＴＣＨＡ（キボッチャ）」のネーミングは、「希望」「防災」「ＦＵＴＵＲＥ（未来）」に由来し、次の世代へ震災の教訓を受け継いでいこうとする東松島市の未来の街づくりのシンボルにもなっている。ここは、子どもたちが楽しく学べる空間とテクノロジーを駆使した仮想空間での防災体験、そして語り部による研修などを通して、多角的に学べる体験型の防災学習施設になっている。

たとえば、早朝の避難訓練として高台の避難所まで行く体験、学習スペースでのロープの結び方や応急担架の作り方から火のおこし方まで学ぶことができる。さらに、実際の災害現場で活躍した自衛隊OBによる安全指導や講習会なども計画されていて、自助・共助・公助の視点から地域や行政、そして自衛隊とも連携した全国で初めての総合型防災施設と言える。代表取締役の三井紀代子さんをはじめ、キボッチャのスタッフはとにかく明るく礼儀正しい人たちばかりである。震災後に悲しみを乗り越えながら、懸命に歩きだした野蒜地区の人たちの心に寄り添い、この地域の活性化のために日々貢献している。たくさんの人たちを笑顔で迎えてくれる姿から、地域の人たちに寄り添うスタッフの思いやりが伝わってくる。キボッチャを訪れる人たちに対して、心の故郷を感じる温もりと震災を乗り越えようとする絆の強さで歓迎してくれるからである。館内を歩いていると、施設の1室に「青い鯉のぼりプロジェクト」の黒板アートが描かれている。震災当時、石巻西高校

生まれ変わった野蒜小学校

黒板アートに舞う青い鯉のぼり

の2年生だった伊藤健人君は、津波で自宅が全壊して祖父母と母親と5歳の弟を亡くした。黒板アートに描かれている青い鯉のぼりに乗って笑顔で大空を泳いでいる子どもは、弟の律君なのだろうか。

２０１９年8月、24時間テレビで放映された「青い鯉のぼりプロジェクト」は、野蒜海岸に特設ステージを設置して実施された。このプロジェクトを立ち上げた伊藤健人君が、一心不乱に和太鼓を叩く姿がテレビの画面を通して映し出されたとき、心の復興を願う被災地の人たちの思いが全国に伝わった。

この日、野蒜海岸に集まった人たちは、悲しみと向き合いながら懸命に生きてきた健人君の姿を知っているだけに涙がとまらなかった。キボッチャには、多くの被災者の悲しみや喜び、そして未来を信じて生きる人たちの希望があふれている。震災で閉校になった学校が防災の宿泊施設として再生され、多くの人たちの希望をつないでいる例を、私は知らない。

２０１９年10月、被災した野蒜小学校跡を防災体験型宿泊施設として再生させたキボッチャは、土地活用モデル大賞・国土交通大臣賞を受賞した。

２　これからの行政や学校組織を担う方々へのメッセージ
――タテ割意識の見直しを

２０２１年3月11日で東日本大震災が発生してから10年の歳月が経過したことになる。思い起こせば、「あの日」から各地をまわりながら震災の教訓を語り継いできたが、伝えた教訓がどれだけ根づいているかは疑問である。少なくとも目に見えて防災意識が高まったという感覚はない。なぜなら、良きにつけ悪しきにつけ日本人のタテ割意識が少なからぬ影響を与えているからだ。確かに、平時におけるタテ割の組織は、安心・安全な社会生活を維持するうえで大きな役割を果たしてきたのは事実である。しかし、これまでの経験知では予測できない地球温暖化や環境問題の影響が深刻化している状況を考えると、スピード感ある災害対応が困難になっている現実を軽視することはできない。

ウェビングによる災害対応

ここで、災害発生初動期におけるタテ割意識を見直すために、避難所運営における「ウェビング」の発想と子どもの役割について、拙書『生かされて生きる』（河北新報出版センター）で紹介した考え方を再確認しておきたい。多くの地域で避難所運営のワークショップを行うと、ほとんどの子どもたちは対策本部を中心にした避難所運営図を描くのである。そこには重要な物を真ん中に位置づけ、そこから必要なものを関連づけようとする子どもの発想がある。子どもたちは自分ができる役割を考えながら、あたかも蜘蛛の巣のように対策本部や他の役割をつないでいくのである。蜘蛛の巣とはウェブのことであり、このような発想を「ウェビング」という。この発想を生かせば、お互いが顔の見える関係で行動できることになり、情報伝達も早くスピード感をもって緊急事態に対応しやすくなる。これは情報発信型ではなく情報集約型の発想であり、さらに当事者意識が芽生えて自分の行動に責任を持つように

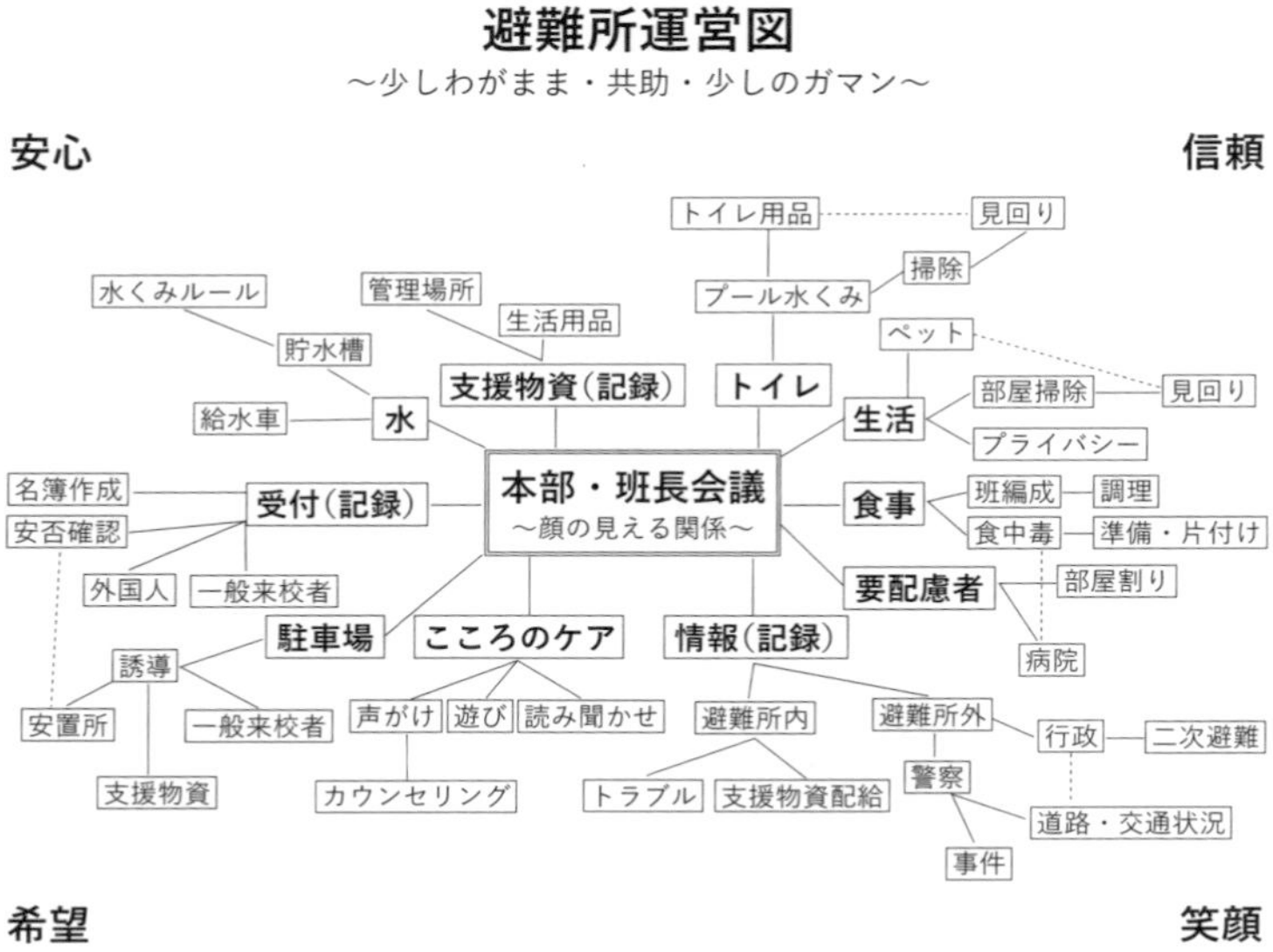

ウェビングによる混乱期の対応

なる。

災害発生後の避難所生活の混乱やトラブルの背景には、どうしても大人の公助任せの意識が強く影響すると認識しておくべきである。これが災害発生直後の混乱期を想定した重要な視点である。

ところで、２０００年からすべての学校で総合的な学習の時間が段階的にスタートしたが、その背景には国際化や情報化など変化の激しい時代に対応できる人材育成の視点がある。しかしながら、すべての学校がその趣旨について充分に理解していたとしても、その取り組みにおいては学校間で大きな差がある。多くの学校現場では国の施策と世論との板ばさみになって混乱し、結果的に総合的な学習の時間数は削減されてきたのである。「総合的な学習の時間」

避難所運営組織図

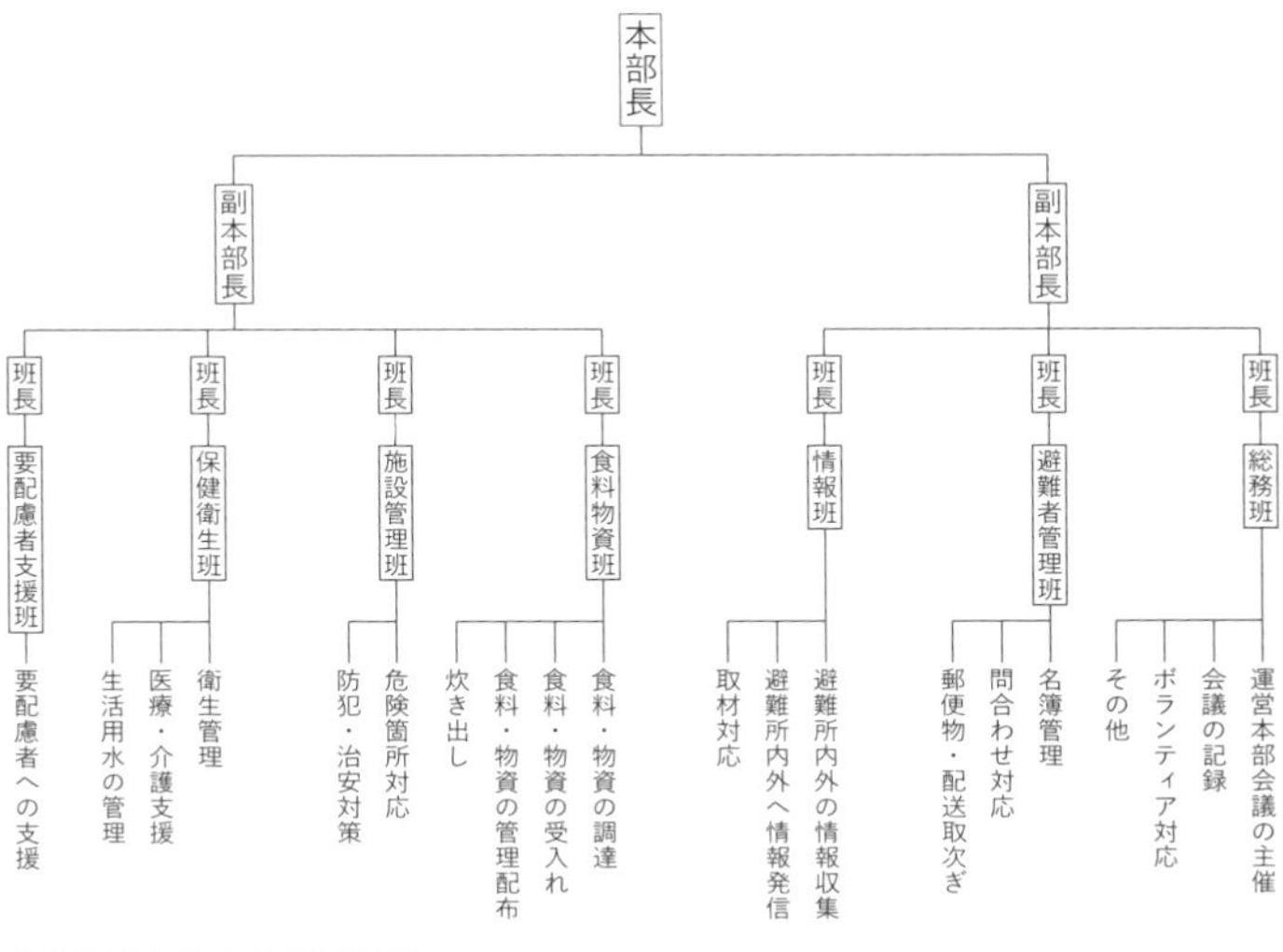

タテ割組織による災害対応

がスタートした当初は多くの小中学校の総合的な学習の時間でウェビングの発想が実践されていたのだが、そのことを知っている教員は少ない。

さて避難所運営に話を戻すと、大人が作成する避難所運営図は対策本部を上に位置づけるトーナメント表のようになるのが大半である。実際に、ほとんどの自治体が作成している避難所運営マニュアルには、このようなタテ割の組織図が描かれている。そこには、行政機関や学校などで踏襲されてきた平時におけるタテ割組織が影響している。しかし、自助・共助・公助の考え方が通用しない激甚災害が多発する現状を考えた場合、災害が発生した混乱期において充分に機能できない可能性が高くなっていることに気づくべきである。なぜなら、このようなタテ割の体制は意思決定までの時間がかかりすぎてスピード感がなくなるからである。さらに、お互いの顔が見えないために、直面する課題に対して誰に相談すればいいのかわからないといった事態に陥りやすくなるからである。

たとえば、東日本大震災のときに全国からたくさんの支援物資が送られてきたが、すぐに被災地まで届いたわけではなかった。どこにどれだけの支援物資を配布するのか、その手順がなかなか決まらずにかなりの時間を要したのである。そこにもタテ割意識の弊害があったと私は考えている。

環境防災科からのメッセージ

全国各地で震災を語り継ぐ活動をしながら、若手の人材育成を図る具体的方策として考案したのが、中高生による災害発生初動期対応のワークショップである。ここで、2020年1月に兵庫県立舞子高校環境防災科の授業で実践したワークショップを紹介したい。

はじめに、生徒たちにワークショップを行うねらいと留意点について説明した。

1．災害初動期のスピード感ある対応
2．災害の全体像を把握する図上訓練
3．人材育成の重要性に対する理解
4．自治体職員を想定した役割分担

この4点について、ウェビングの発想を生かして対策本部を中心に位置づけ、必要な役割を想定しながら対策本部と関連づける演習を行った。そして、それぞれの役割について、各班毎にスマートフォンやタブレット端末などを活用しながら、過去の災害の教訓や課題を調べる作業を行うという演習形態である。今回のワーク

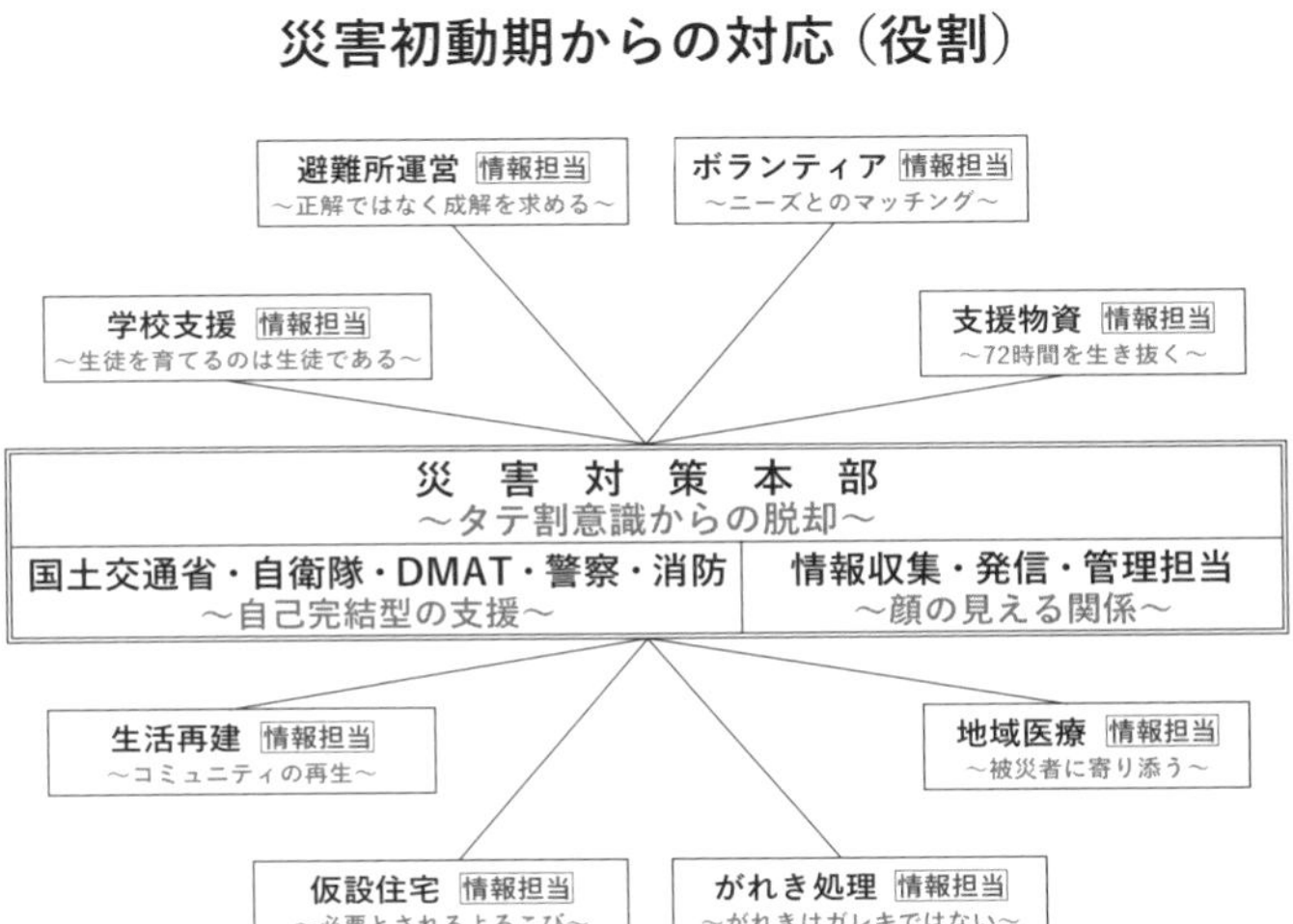

災害の全体像を把握するワークショップ

ショップの意義や目的を理解し、自分たちがなすべきことを自覚して活動する環境防災科の生徒たちの表情は自信に満ちていた。

災害大国の日本にとって、若手人材の育成が急務である現状を考えると、多くの企業や自治体、そして学校においても具体的な方策が検討されるべきではないだろうか。現実問題として、各自治体の職員を一斉に集めてワークショップを行うのは不可能なので、自治体で作成されている平時の組織図と災害時の役割分担をもとに、生徒たちを職員に見立てたワークショップを行うことにした。この活動を体験することによって、高校や大学を卒業してから各自治体に就職することになれば、早い段階から災害の全体像を把握する力を身につけることができる。また、各自治体や会社などで実施されている総合防災訓練を想定して、平時における担当部署を横断して意見を交わすことで、タテ割意識にとらわれない柔軟な発想を導き出せるというメリットがある。日本の自治体の職員は、担当部署を数年で配置換えになるのが通例なので、少しでも早い時期に災害発生初動期の対応について学ぶことは、若手の人材育成の有効な取り組みにもなるのではなかろうか。

学校においてこのワークショップを実施する背景には、防災教育だけでなくキャリア教育や志教育の視点があることも理解しておくべきである。そういう意味では、生徒たちの進路指導を行う上でも、ウェビングの発想は重要な視点だと言えよう。さらに、ウェビングの発想は社会のデジタル化や情報技術の革新によってもたらされた急激な変化への対応力にもつながることになる。確かに、子どもたちを取りまく物質環境は豊かになり、居ながらにして必要な情報は手に入るようになったが、心身のバランスが保てずに変化の激しさに対応できない人間が、ますます増加しているように思われてならない。とりわけ懸念されるのが、他者とのコミュニケーション力の欠如であり、社会での信頼関係を築くための人間関係力を身につけないまま実社会に出ていく若者が増加していることである。このような状況を改善するために提唱されたのがキャリア教育であるならば、人間力を向上させる切り口としてのウェビングの発想による防災教育が、多くの学校や自治体で推進されてしかるべきであろう。

今回のワークショップは、環境防災科主任の桝田順子先生が授業の準備から展開までを企画し、私の意図を理解してくれた生徒たちの協力があったからこそ実現することができた。日本中の多くの若者たちに対して、環境防災科からのメッセージを届けることで、実践的な防災力を身につけた人材が育成されることを願ってやまない。

おわりに――『言海』との出会い

私の妻の生家は宮城県塩釜市にあり、今でも日本家屋のたたずまいが残っている旧家である。1979年4月、結婚して間もなく妻の生家に日本初の近代的国語辞書『言海』があることを知った私は、そこの主人である鎌田観二氏からそれを譲り受け、初任校となる宮城県飯野川高等学校に異動が決まったのを機に赴任先の自宅の書棚に置くことにした。

そして、折にふれて『言海』を手にするたびに、編さんにあたった大槻文彦先生の思いに圧倒されていた。何よりも裏表紙に大槻家所蔵初版本と記されていたことが驚きであった。妻の祖父が、いつどこでこの『言海』を手に入れたのか知るよしもないが、おそらく東京で学んでいた頃に購入したものか、知人から譲り受けたものではないかと推察している。

妻の生家

2000年4月、縁あって宮城県仙台第一高等学校に異動が決まってからは、微力ながら一高生の心に火をつける教育を実践しようと自分自身に言い聞かせながら通勤していた。

私が勤務していた当時の菅井茂校長は、仙台一高から日本や世界に羽ばたく人材を育成しようと考えておられた。そして、学校がさまざまな教育的課題に直面するたびに、「遂げずばやまじ」の精神

仙台一高に寄贈された『言海』

を私たちに教えてくださった。「遂げずばやまじ」とは、自分の志を成し遂げるまで歩みをとめてはならないという意味で、大槻文彦先生の祖父の大槻玄沢氏の教えとされている。

　在職中に菅井先生から日本の教育のあり方を問い直す機会をいただき、また真理を探究する学びのあり方を示唆していただいたことは、震災の教訓を語り継ぐ私にとって、苦難に直面したときに折れない心で生き抜く支えになっている。

　その後、退職してから毎日のように書棚にある『言海』を眺めているうちに、本来ならば仙台一高に保管されるべきであろうと思い立ち、満開の桜の花が咲きほこる時期に仙台一高を訪れ、鎌田観二氏の名で図書館に寄贈することにした。それ以降「遂げずばやまじ」の教えは、震災の教訓を語り継ぐ旅先で何度となく思い浮かべる座右の銘になっている。

　最後になるが、拙書の発刊にあたって多くの仲間たちから貴重な助言をいただいたことに深く感謝するとともに、いついかなるときも蔭ながら私を支え続けている妻への感謝の思いを込めて上梓の結びとしたい。

齋藤 幸男（さいとう・ゆきお）

1954年、宮城県塩釜市生まれ。東北大学文学部卒業。宮城県の高校教員として37年間奉職。

2011年3月11日の東日本大震災発生時に、石巻西高校教頭として避難所運営にあたる。震災当時の石巻西高校は指定避難所ではなかったが、人道的な立場から教職員だけで44日間の避難所運営を行った。体育館が最大約700名の遺体仮安置所・検視所となるなか、校舎を開放して約400名の地域住民の避難生活を支援。

その後、2012年に同校校長に昇任。現職時代から震災の教訓を語り継ぐ活動を始め、2015年に退職後の今も、防災教育を切り口とした命の教育の大切さを広めるために全国を歩いている。

著書に『生かされて生きる──震災を語り継ぐ』(河北新報出版センター)。

声なき声をつむぐ

──震災を語り継ぐ──

2021年3月11日　初版第1刷発行

著　者　齋藤 幸男

発行人　花岡 萬之

発行所　学事出版株式会社

〒101-0021　東京都千代田区外神田2-2-3

TEL 03-3255-5471

HPアドレス　http://www.gakuji.co.jp

- 編集担当　二 井　豪
- 編集協力　上 田　宙（烏有書林）
- 印刷・製本　電算印刷株式会社

ISBN 978-4-7619-2701-1　C3037　Printed in Japan